MW01629880

Réalisation éditoriale : Nouchka Pathé
Réalisation graphique : Nadine Sévin
Stylisme photos : Dominique Turbé
Photographies : Jean-Baptiste Pellerin
Révision : Laurence Giaume

www.grund.fr

IBSN 2-7000-5575-6
Dépôt légal : mars 2003
Photogravure : Arciel Graphic
Imprimé par Hérissey

Garantie de l'éditeur

Malgré tous les soins apportés à la fabrication, il est malheureusement possible que cet ouvrage comporte un défaut d'impression ou de façonnage. Dans ce cas, il vous sera échangé sans frais. Veuillez à cet effet le rapporter au libraire qui vous l'a vendu ou nous écrire à l'adresse ci-dessous en nous précisant la nature du défaut constaté. Dans l'un ou l'autre cas, il sera immédiatement fait droit à votre réclamation.

Éditions Gründ - 60, rue Mazarine - 75006 Paris

Françoise Clozel

Les événements de la vie

au point de croix

Gründ

Sommaire

Le point de croix
conseils techniques

Avertissement de l'auteur

Tous les points arrière sont réalisés avec 1 brin.

Les points de croix sont réalisés avec 2 brins. La toile utilisée est une étamine de lin naturel bistre, 11 fils/cm ou 5,5 pts/cm.

Conseils généraux

Le point de croix « à points comptés » s'exécute en comptant les carrés du schéma, de façon à broder directement sur le tissu vierge.

Chaque carré du schéma équivaut à un point de croix.

Chaque symbole du carré correspond à une couleur de coton à broder mouliné Anchor.

L'ouvrage se commence par le milieu : trouvez le milieu du tissu, en le pliant en quatre, puis celui de la grille, en calculant le milieu du haut du diagramme et le milieu d'un côté. Tracez des flèches aux deux points déterminés, puis commencez l'ouvrage au point de rencontre des flèches horizontale et verticale.

Les toiles

Les toiles conseillées pour la réalisation des ouvrages sont des étamines de lin. Leur grosseur se détermine selon le nombre de fils au centimètre. Plus il y a de fils, plus la toile est fine, et plus le point de croix est petit.

On utilise généralement 2 fils de trame sur 2 fils de chaîne pour faire un point de croix. Sur 1 cm d'une étamine de 10 fils, on fera 5 points de croix. Sur une étamine de 14 fils, on fera 7 points de croix au centimètre.

Le point de croix
conseils techniques

Pour calculer la dimension d'un ouvrage, il faut diviser le nombre total des points par le nombre de points au centimètre, dans la hauteur et dans la largeur. Pour plus de facilité, vous pouvez utiliser une toile de coton Aïda, spécialement tissée pour le point de croix, disponible en différentes grosseurs. Sa texture fait apparaître des carrés. Il est aisé de faire le point de croix en piquant l'aiguille dans chaque coin des carrés.

Le calcul se fait en comptant les carrés tissés au centimètre. Les dimensions de l'ouvrage se déterminent de la même façon que sur une étamine de lin.

Les cotons à broder

Le fil utilisé pour les broderies de ce livre est du mouliné Anchor. Il comporte 6 brins dans une aiguillée. Selon la grosseur de la toile, vous utiliserez de 1 à 3 brins. Le nombre de fils est mentionné dans les explications de chacune des broderies.

Il est conseillé de ne pas faire de nœud pour commencer et terminer une aiguillée. La grosseur du nœud peut, en effet, s'avérer disgracieuse, mais il est surtout à craindre que les nœuds plus petits ne ressortent par les espaces de la toile, sur le dessus de l'ouvrage, une fois le travail terminé.

Pour éviter ces inconvénients, il est préférable de faufiler le début et la fin d'une aiguillée sur l'envers de l'ouvrage, sous quelques points déjà réalisés.

Le point arrière se réalise généralement avec un seul brin de mouliné Anchor. Toutefois, s'il est conseillé d'utiliser 2 fils, cela est mentionné dans les explications de chaque broderie.

Le point de croix
conseits techniques

La préparation des fils

Il est important de préparer les fils en aiguillées avant de commencer l'ouvrage : cela évitera la perte des bagues de conditionnement qui comportent le numéro de la couleur, ainsi que les inévitables problèmes d'emmêlage des fils. Procédez toujours avec méthode, échevette par échevette. Ôtez les deux bagues, dévidez complètement l'échevette, puis faites des pliages successifs : pliez-la d'abord en deux, en tenant chaque extrémité, et recommencez jusqu'à obtenir huit aiguillées de 70 cm environ.

Vous pouvez enfiler chaque paquet d'aiguillées dans la bague qui comporte le numéro du coloris. Il est possible de les placer sur une réglette de carton perforée en notant en face, sur celle-ci, le numéro de la couleur et le symbole de la grille représentant cette couleur.

Les accessoires

Les aiguilles

Les aiguilles utilisées sont des aiguilles à tapisserie à bout rond, très fines (n° 24 ou n° 26). Elles sont recommandées pour broder sur étamine de lin avec 1 ou 2 brins de mouliné Anchor.

Le tambour

Un tambour n'est pas indispensable pour

Le point de croix
conseils techniques

exécuter le point de croix à points comptés, mais il permet toutefois de faire un travail plus régulier. Un diamètre de 15 cm est suffisant : il faut déplacer le tambour au fur et à mesure de l'exécution de l'ouvrage.

La loupe de brodeuse

Cet accessoire, qui se porte autour du cou et a l'avantage de laisser les mains libres, peut se révéler très utile si vous utilisez des toiles très fines ou de couleur foncée.

La finition

La broderie une fois terminée, il est indispensable de la laver – la première fois, à la main de préférence – à l'eau tiède avec un détergent pour textiles fragiles. Après l'avoir abondamment rincée, roulez-la dans une serviette-éponge. L'eau sera ainsi absorbée en grande partie, et il vous suffira alors de repasser l'ouvrage sur l'envers jusqu'à ce qu'il soit sec.

Vous pourrez faire les lavages suivants en machine, avec des programmes plus ou moins doux selon l'usage des ouvrages – le mouliné Anchor est garanti grand teint.

Il ne vous reste plus qu'à choisir la destination finale de la broderie, en confectionnant un coussin, une boîte, un tableau...

3kg2
Bienvenue
a
Toulouse
2002
10h35
13-05
Louise

La naissance

Le faire-part de naissance

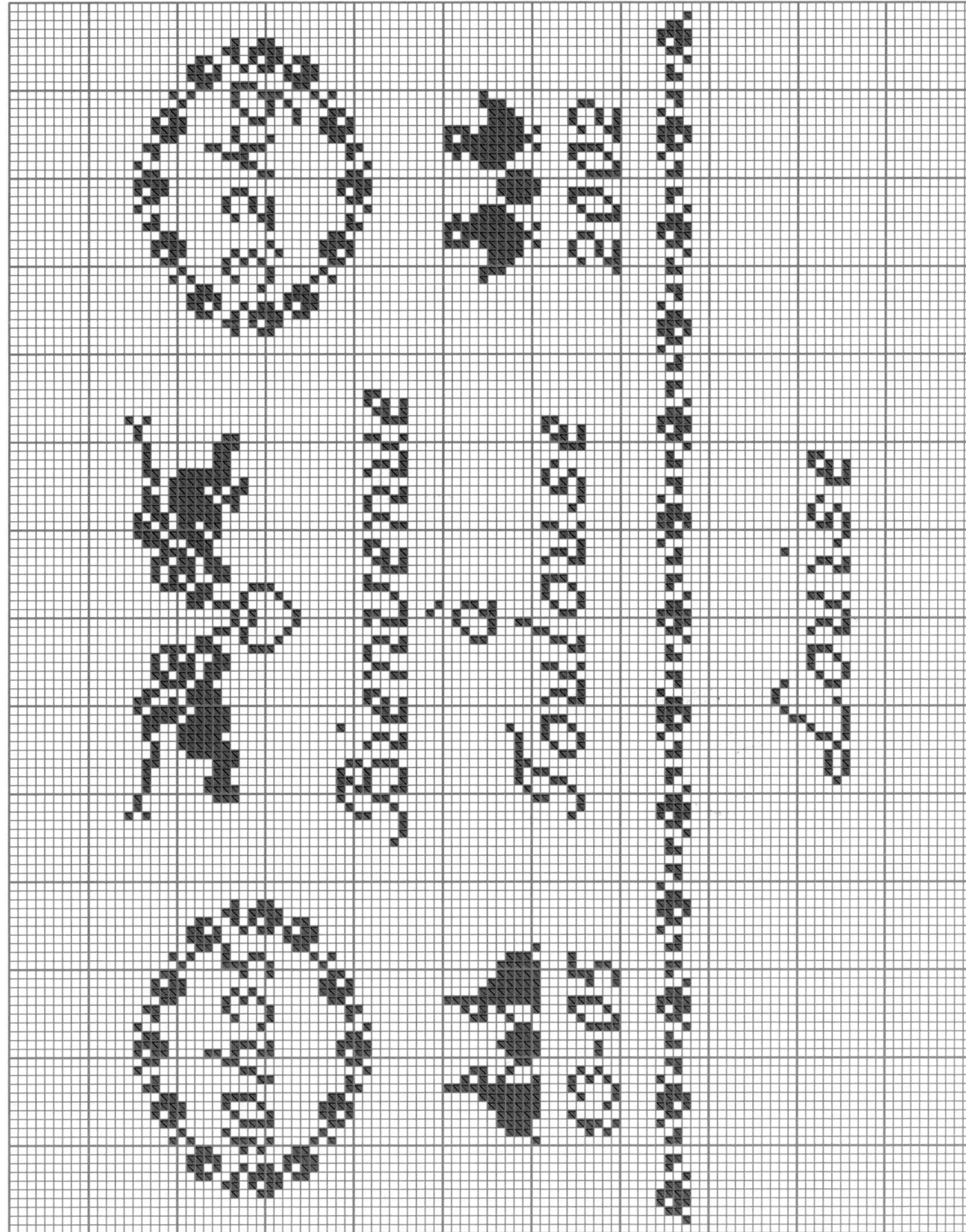

Étamine de lin
coloris
Jaune pâle
11 fils/cm

▨ 176 x 1

La naissance

Les ribambelles

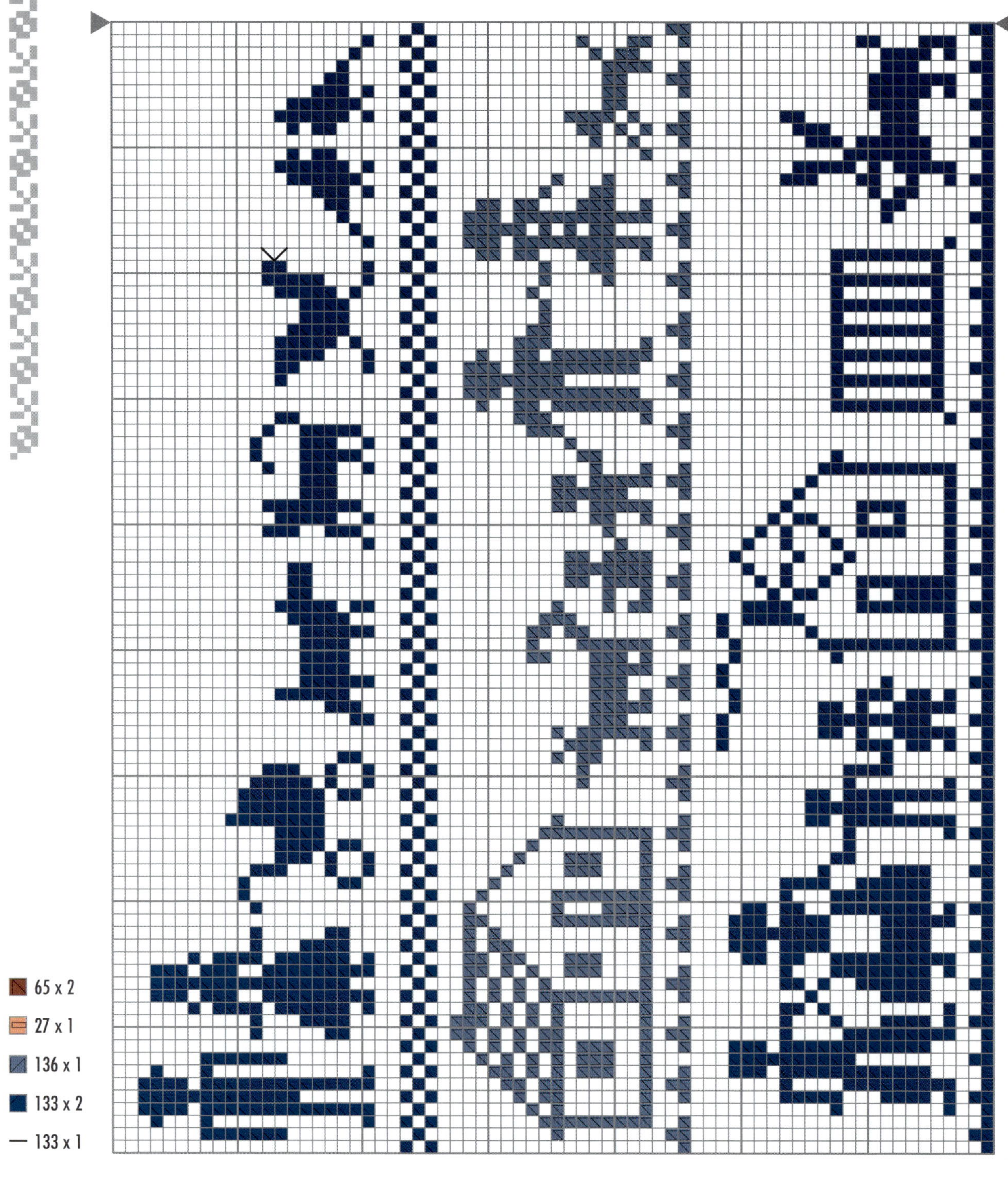

La naissance

Les ribambelles

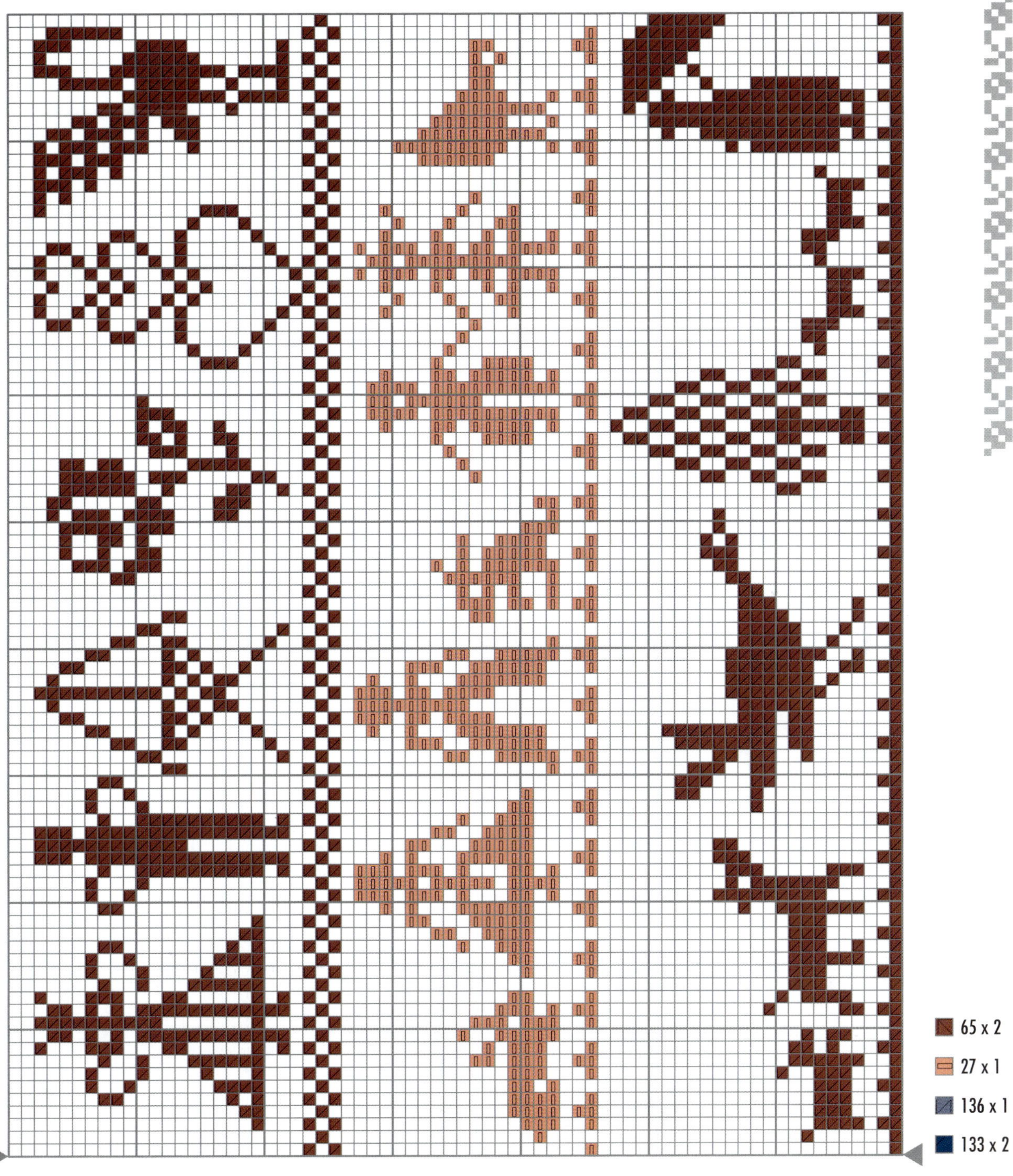

La naissance

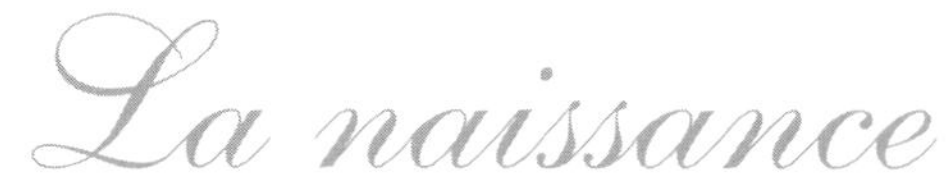

Les ribambelles

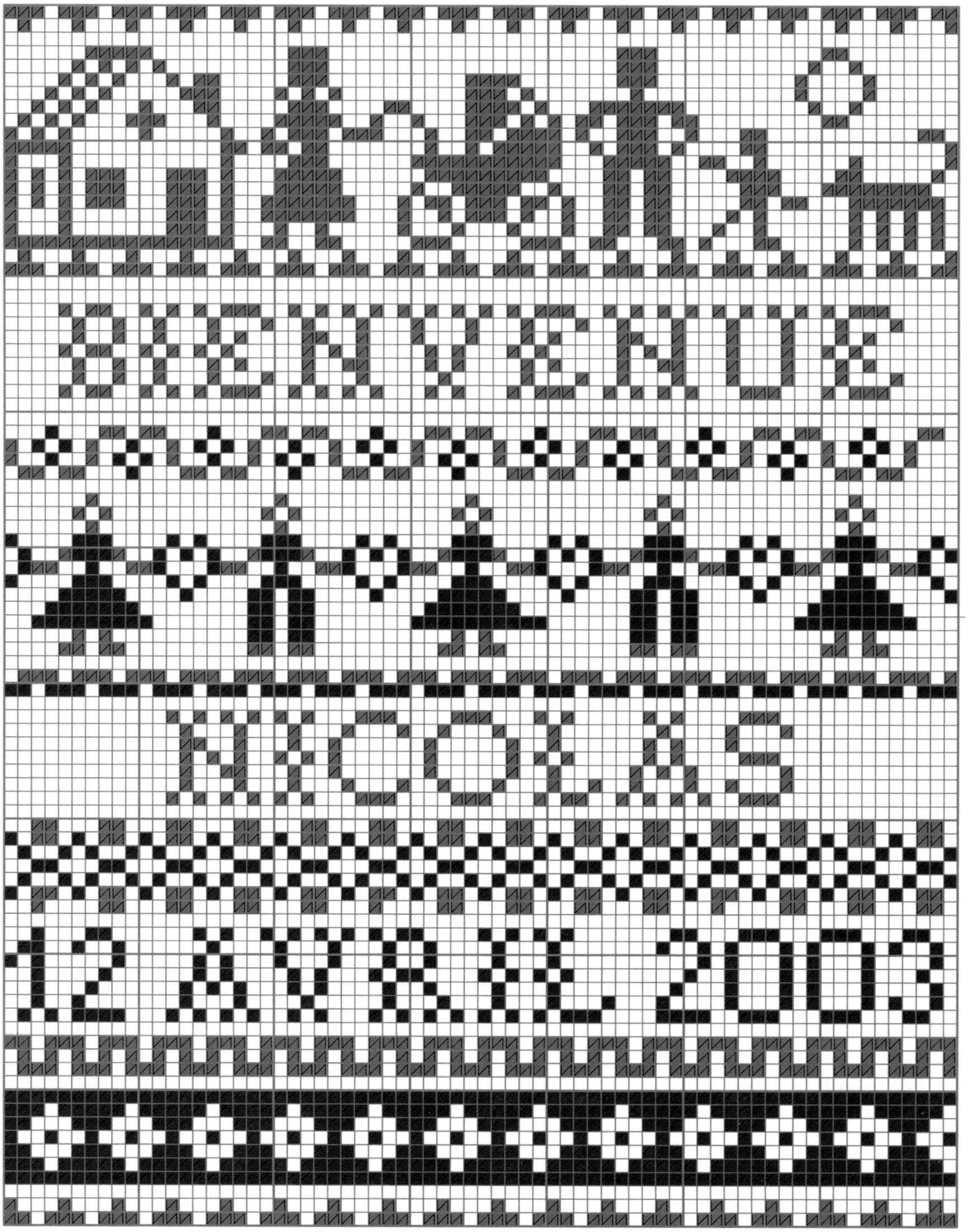

136 x 1

133 x 2

La naissance

Les mots du bonheur

136
133
176
— 150

La naissance

Ma petite... Mon petit...

La naissance

Ma petite… Mon petit…

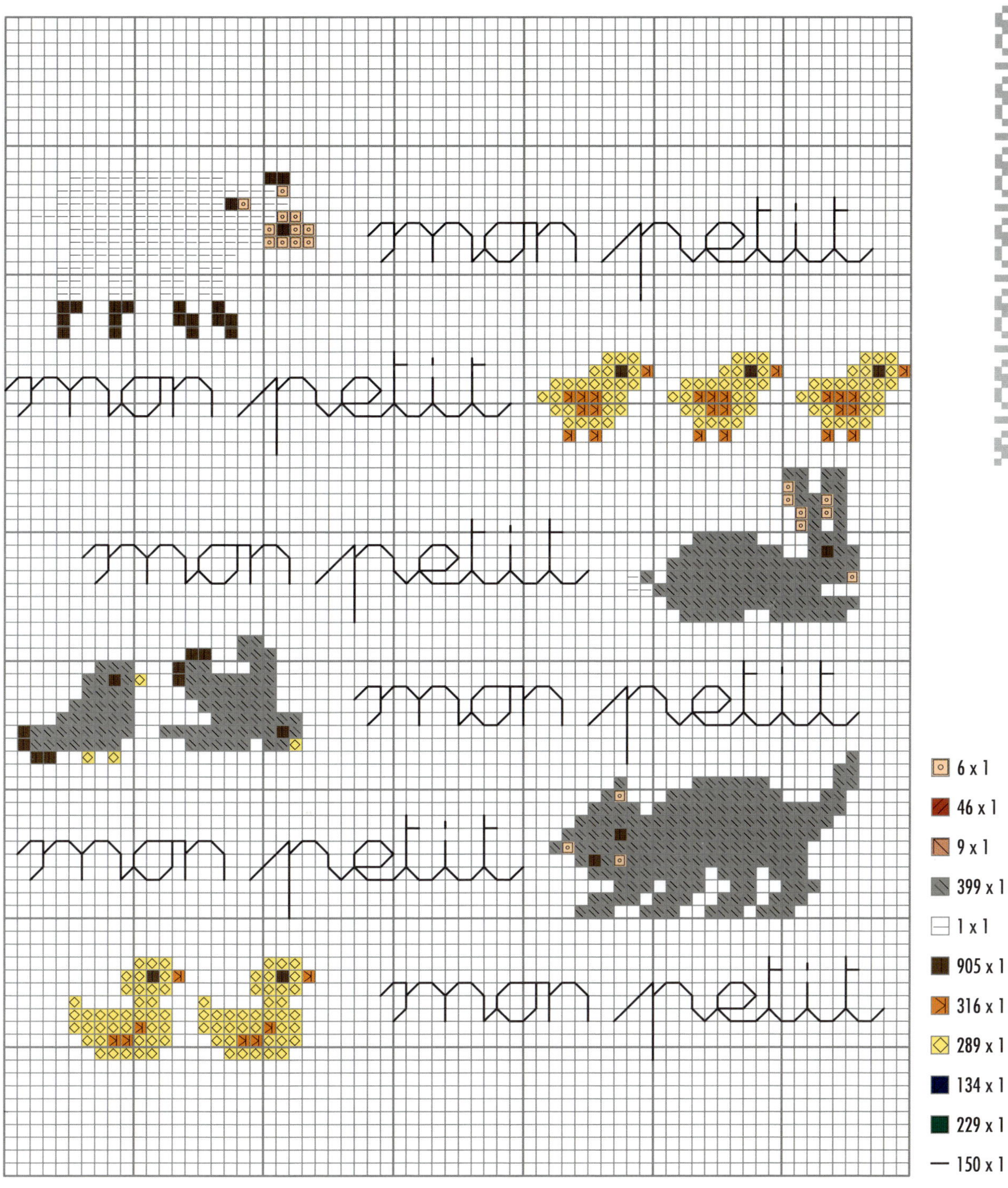

La naissance

Les anges

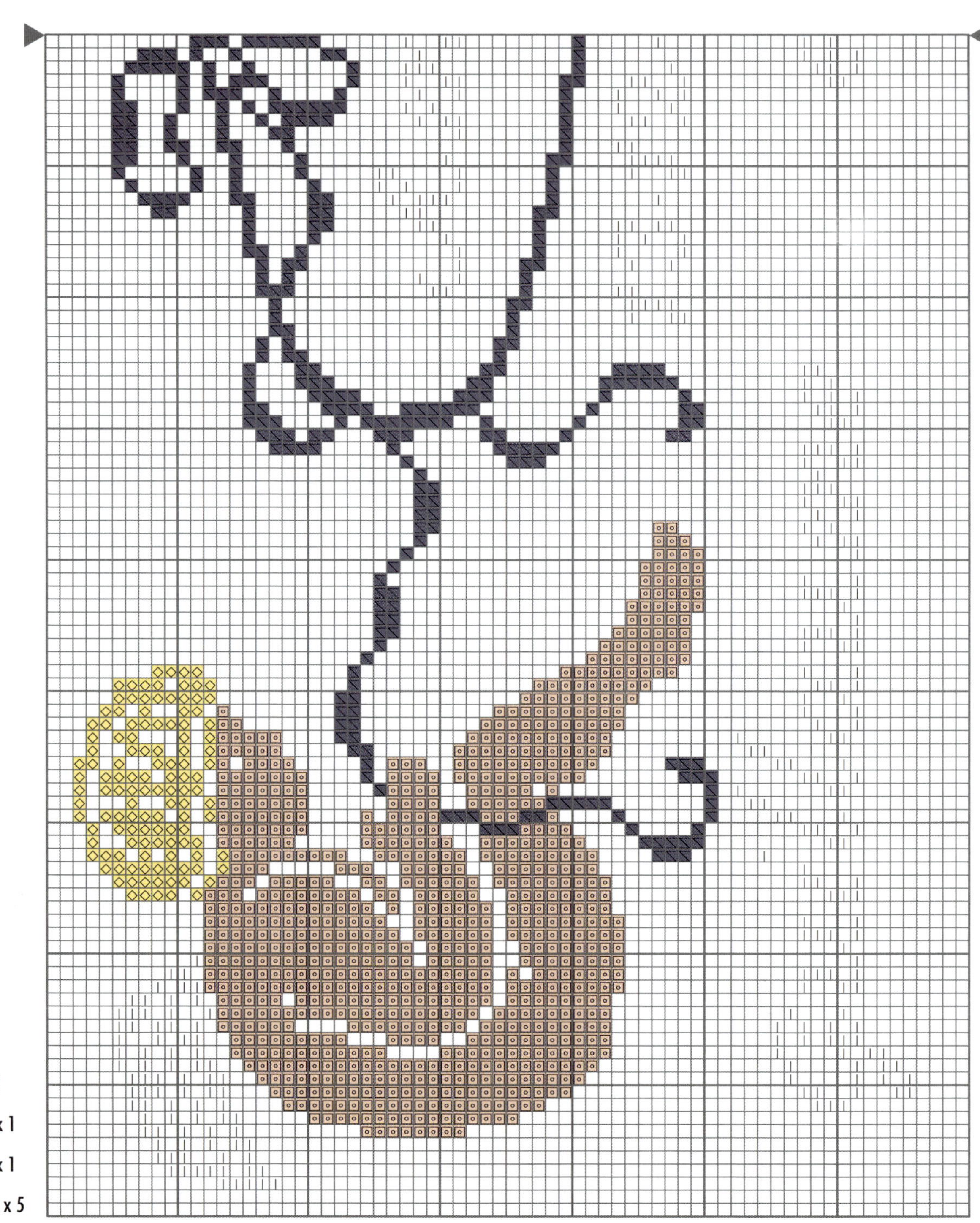

- 1 x 2
- 289 x 1
- 176 x 1
- 1020 x 5

La naissance

Les anges

La naissance

Les anges

- 1 x 2
- 289 x 1
- 133 x 1
- 176 x 1
- 26 x 1
- 1020 x 1
- 29 x 1
- 211 x 1
- 238 x 1
- 281 x 1

La naissance

Les anges

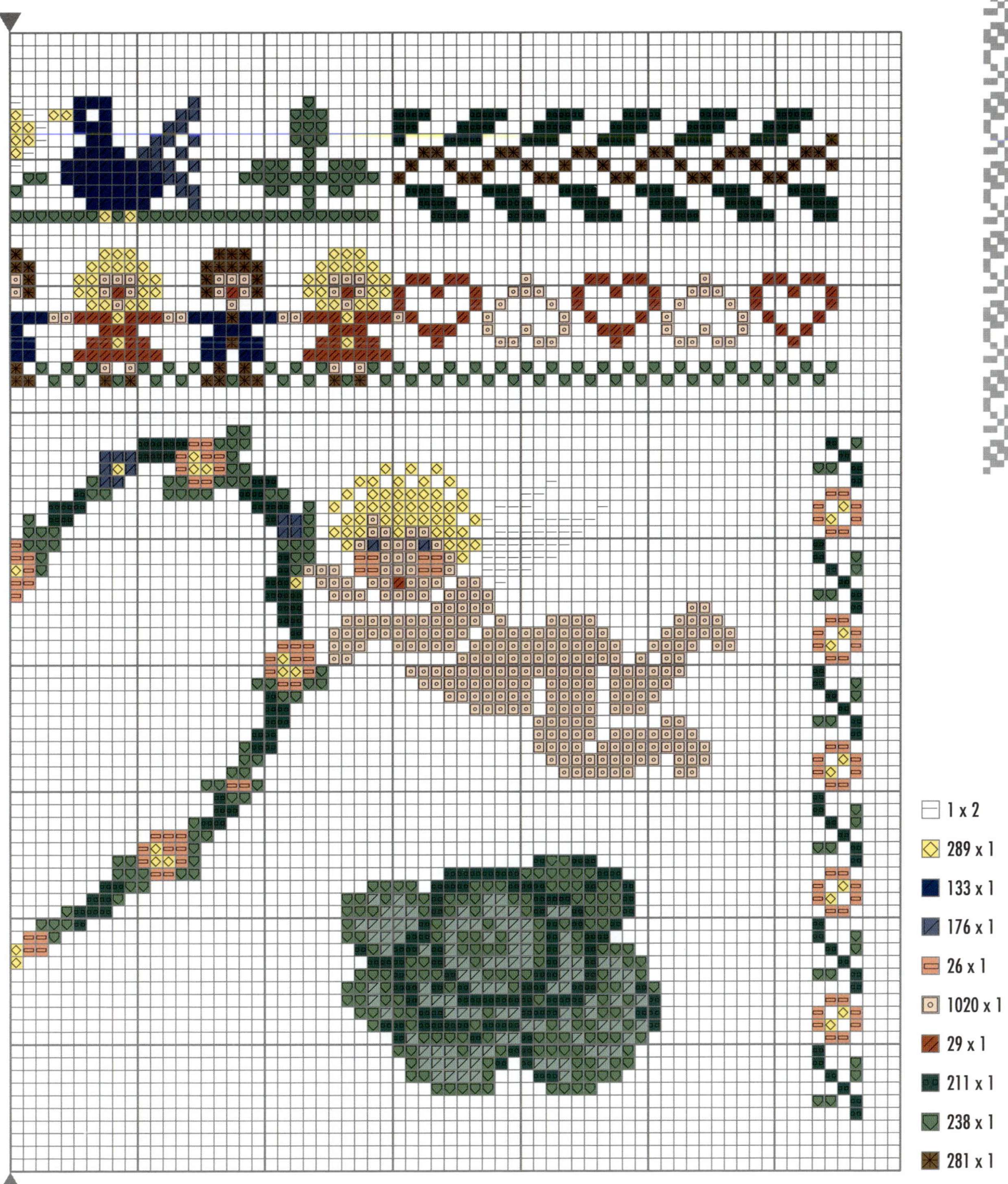

Marine
a
5 ans
Hugo
a

L'anniversaire

Les ballons

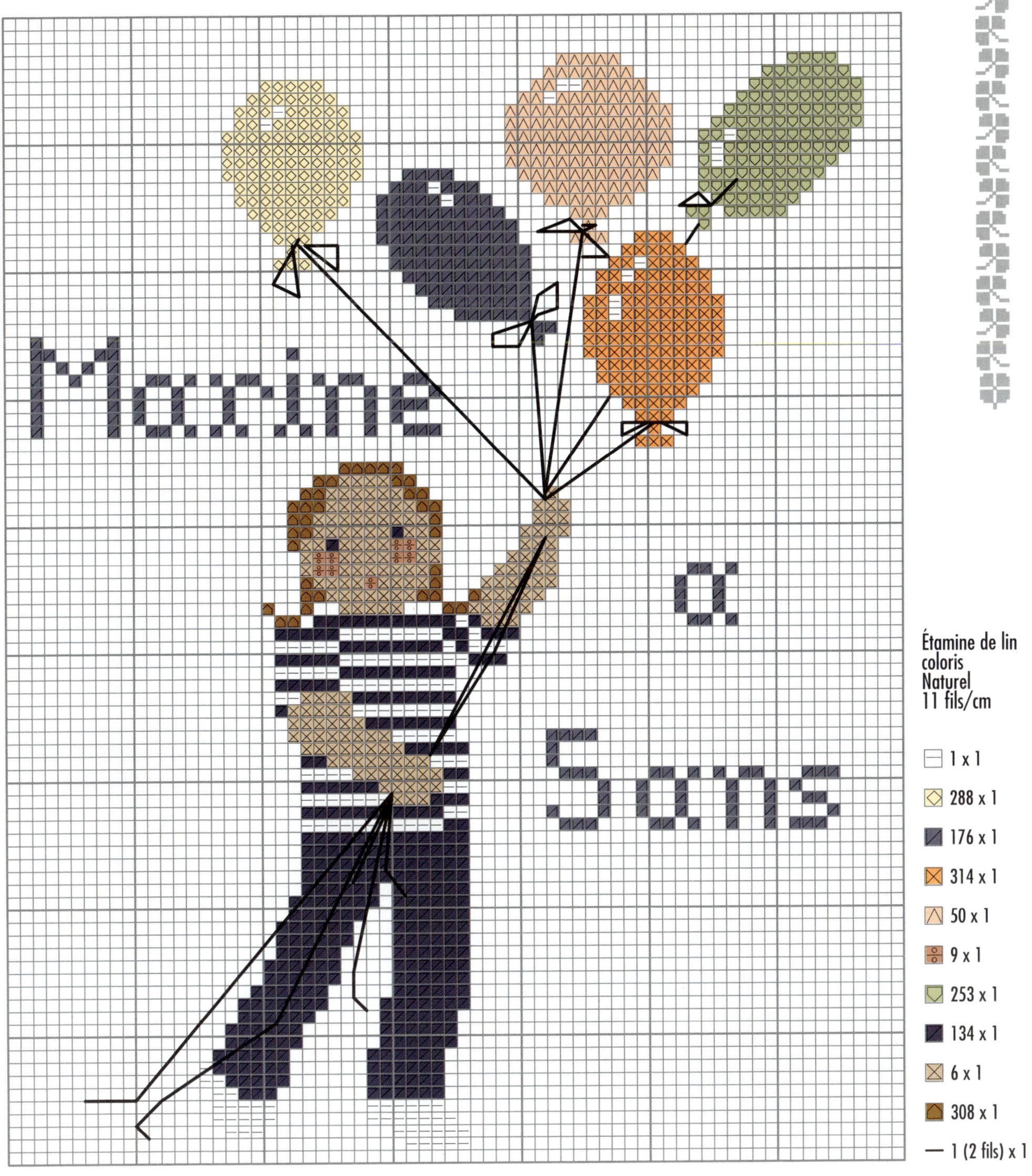

L'anniversaire

Les ballons

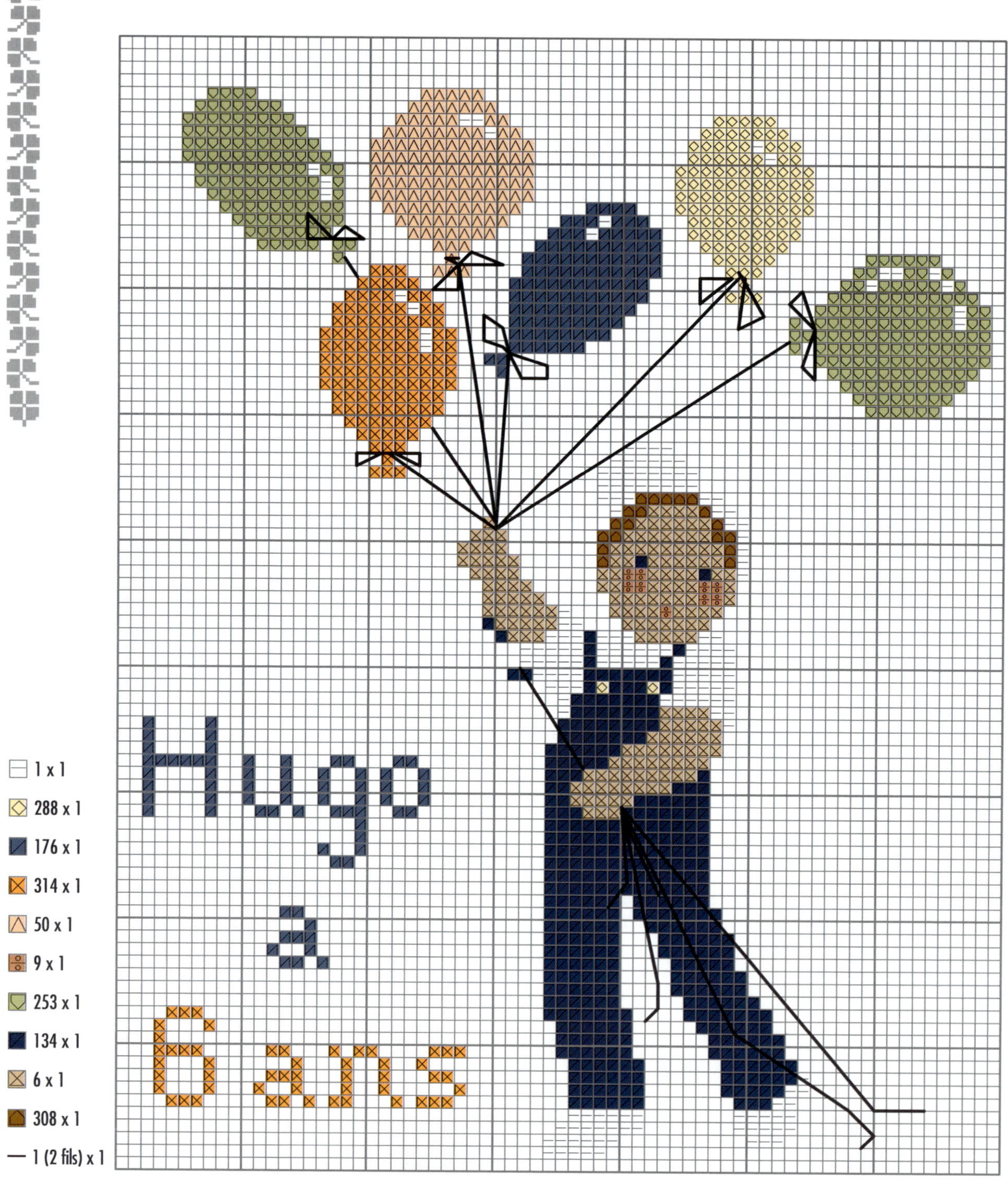

L'anniversaire

Les ballons

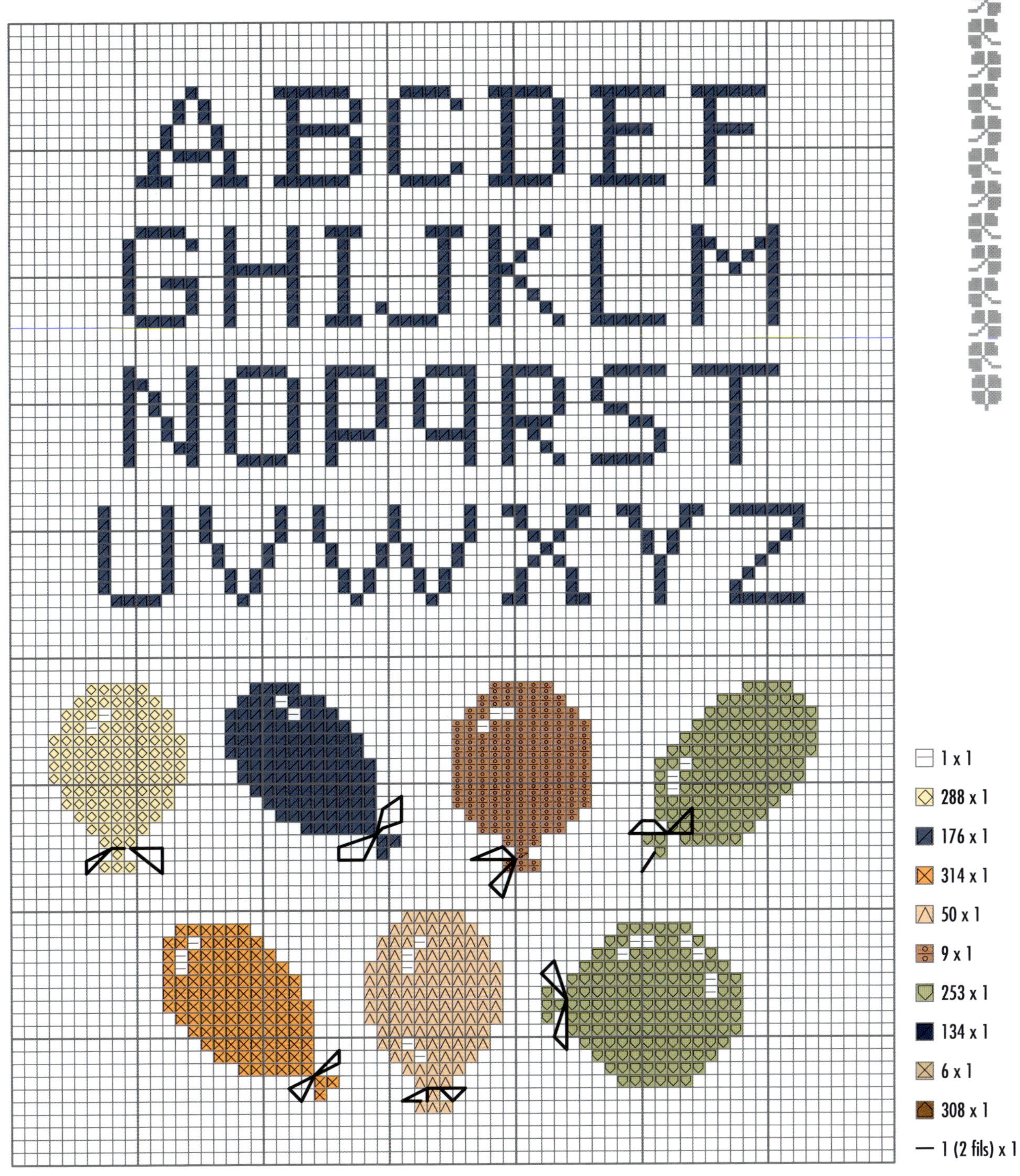

L'anniversaire

Les ballons

176 x 1

314 x 1

L'anniversaire

Le gâteau

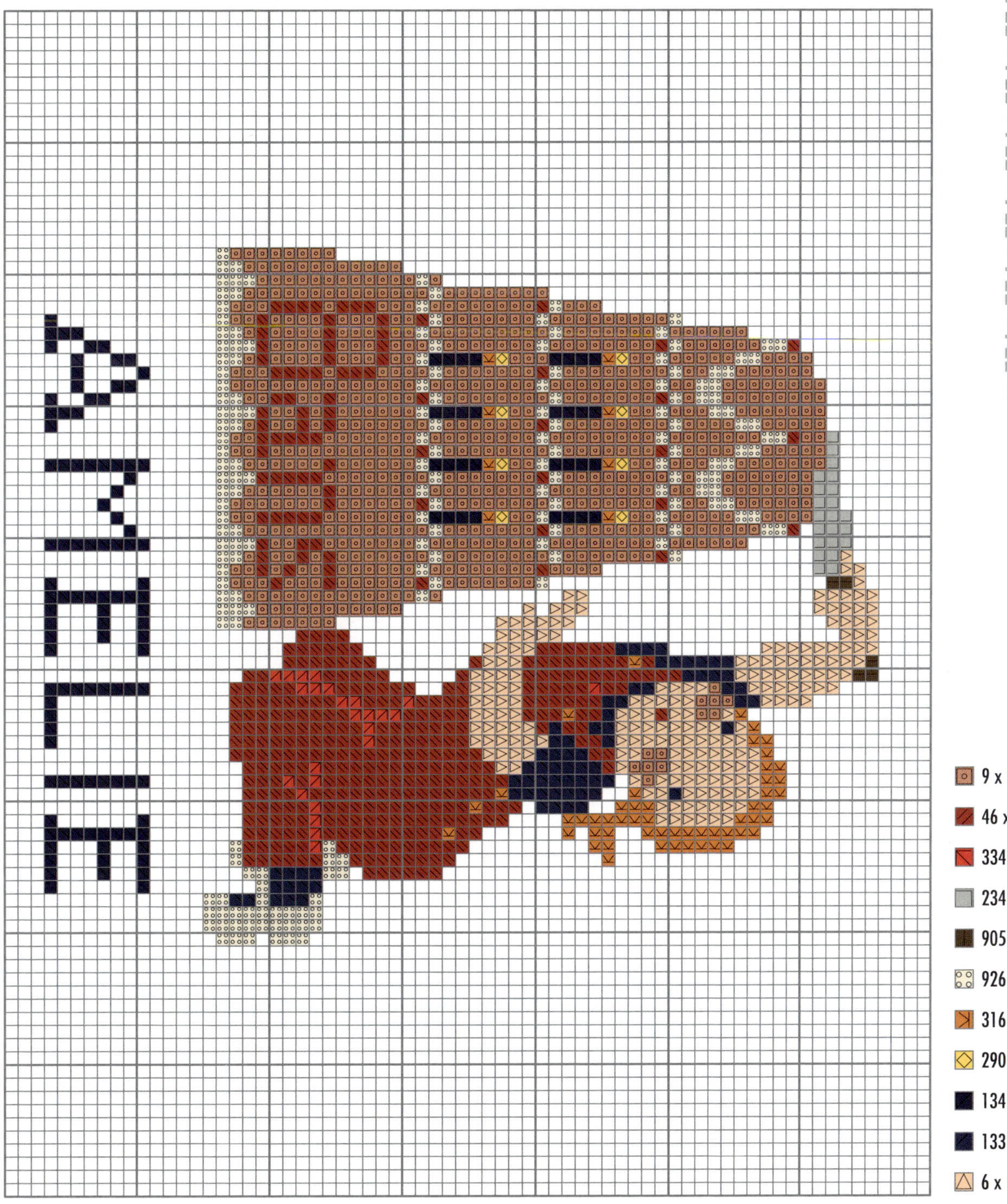

L'anniversaire

Les jeux

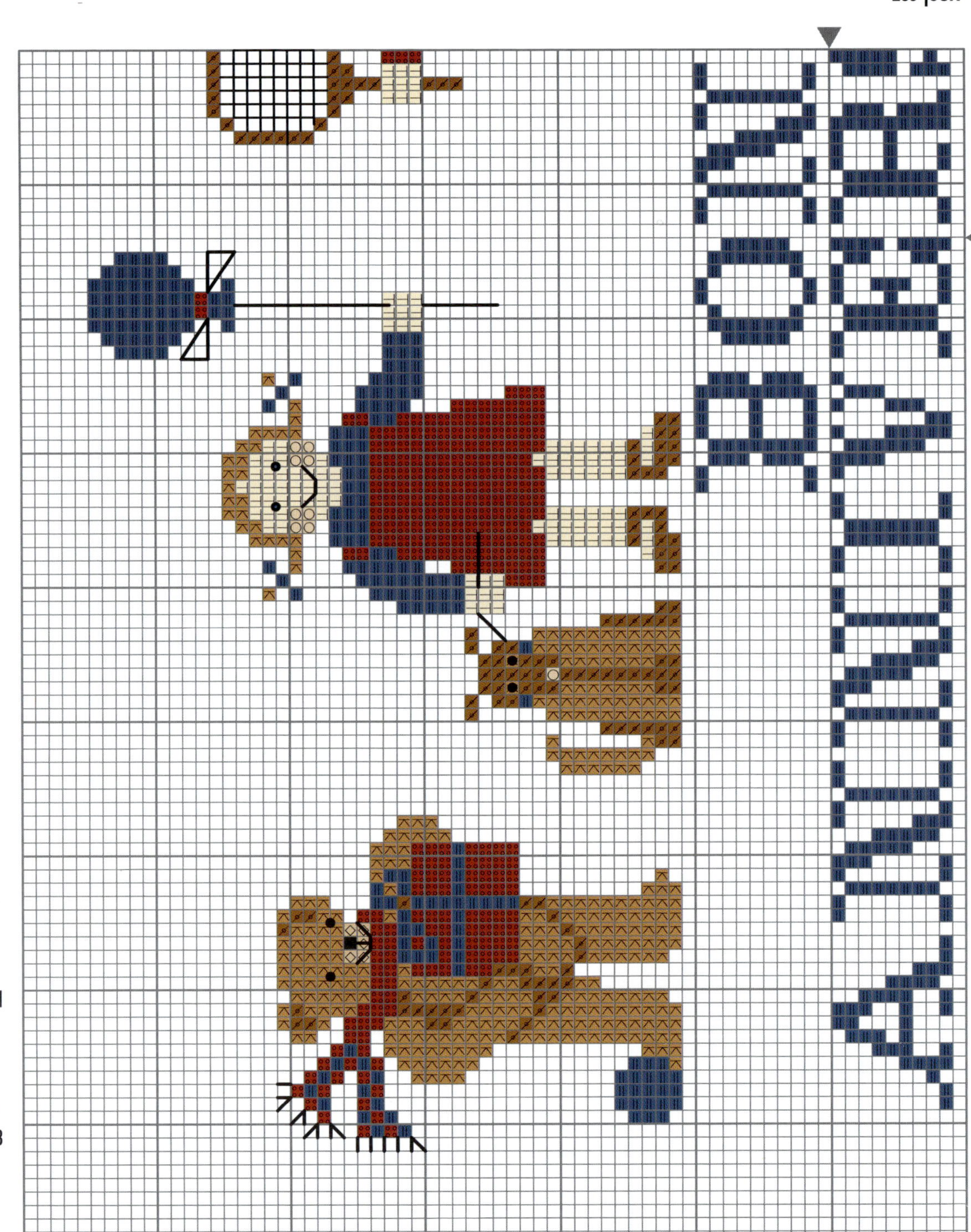

- 1 x 1
- 131 x 3
- 46 x 2
- 363 x 2
- 880 x 1
- 308 x 1
- 403 x 1
- 276 x 1
- 926 x 1

— Pt arrière 1 fil
Bouche : 46
Fil ballon : 46
Cordage : 308
Laisse chien : 131
Museau ours : 403

Pt de nœud
- • : 131
- • : 403

L'anniversaire

Les jeux

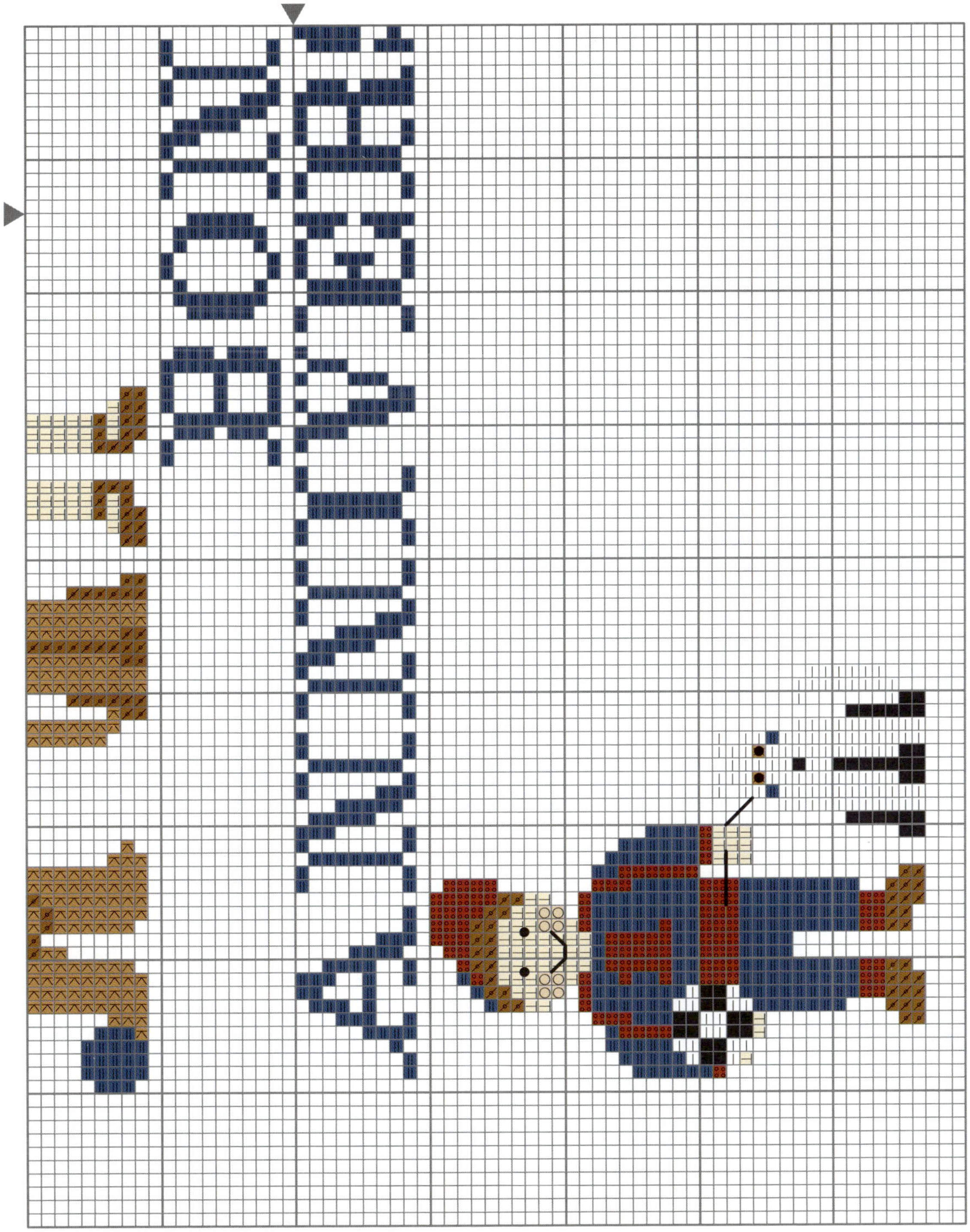

- 1 x 1
- 131 x 3
- 46 x 2
- 363 x 2
- 880 x 1
- 308 x 1
- 403 x 1
- 276 x 1
- 926 x 1

— Pt arrière 1 fil
Bouche : 46
Fil ballon : 46
Cordage : 308
Laisse chien : 131
Museau ours : 403

Pt de nœud
- ● : 131
- ● : 403

L'anniversaire

Les jeux

- 1 x 1
- 131 x 3
- 46 x 2
- 363 x 2
- 880 x 1
- 308 x 1
- 403 x 1
- 276 x 1
- 926 x 1

— Pt arrière 1 fil
Bouche : 46
Fil ballon : 46
Cordage : 308
Laisse chien : 131
Museau ours : 403

Pt de nœud
- ● : 131
- ● : 403

L'anniversaire

Les jeux

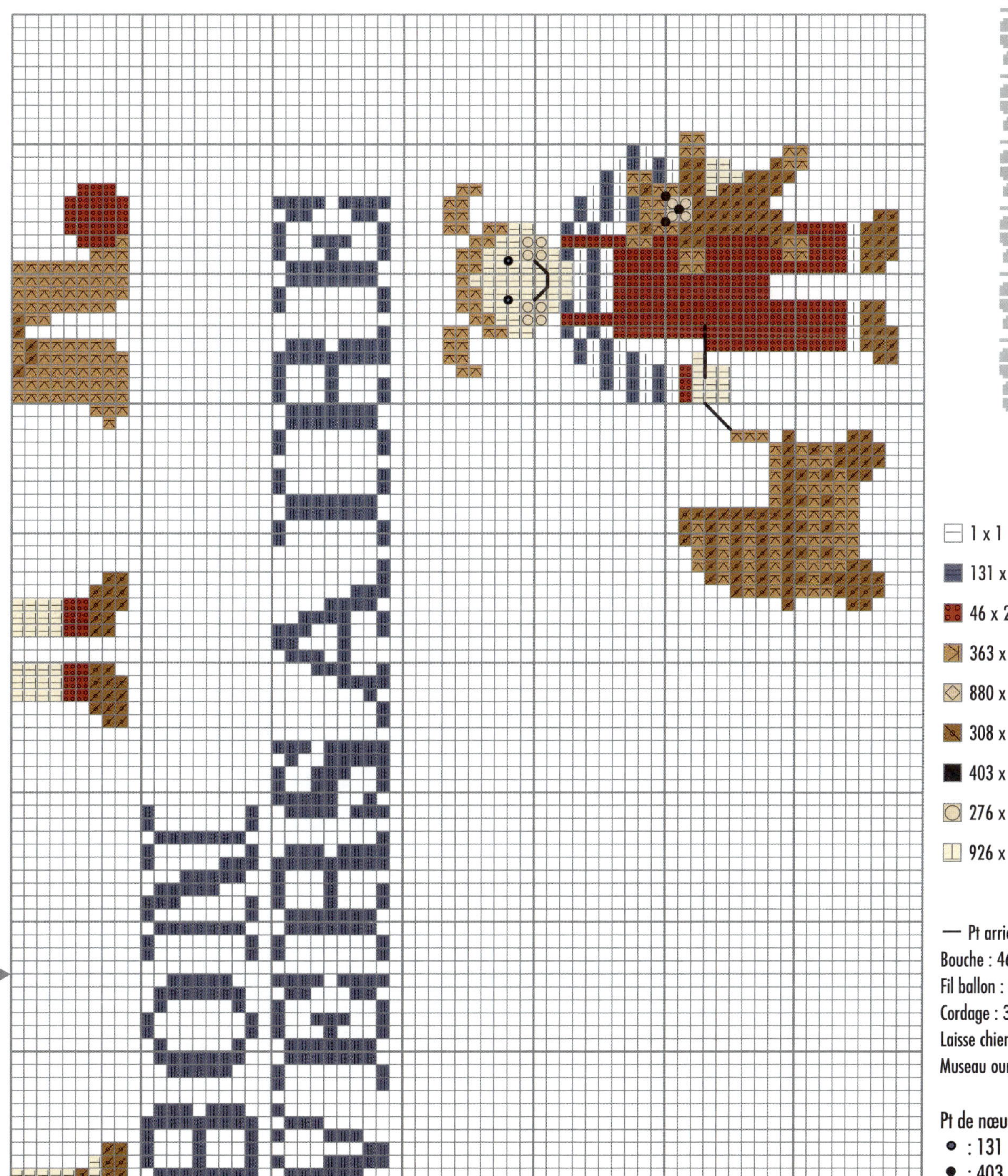

- 1 x 1
- 131 x 3
- 46 x 2
- 363 x 2
- 880 x 1
- 308 x 1
- 403 x 1
- 276 x 1
- 926 x 1

— Pt arrière 1 fil
Bouche : 46
Fil ballon : 46
Cordage : 308
Laisse chien : 131
Museau ours : 403

Pt de nœud
- : 131
- : 403

L'anniversaire

Les coccinelles

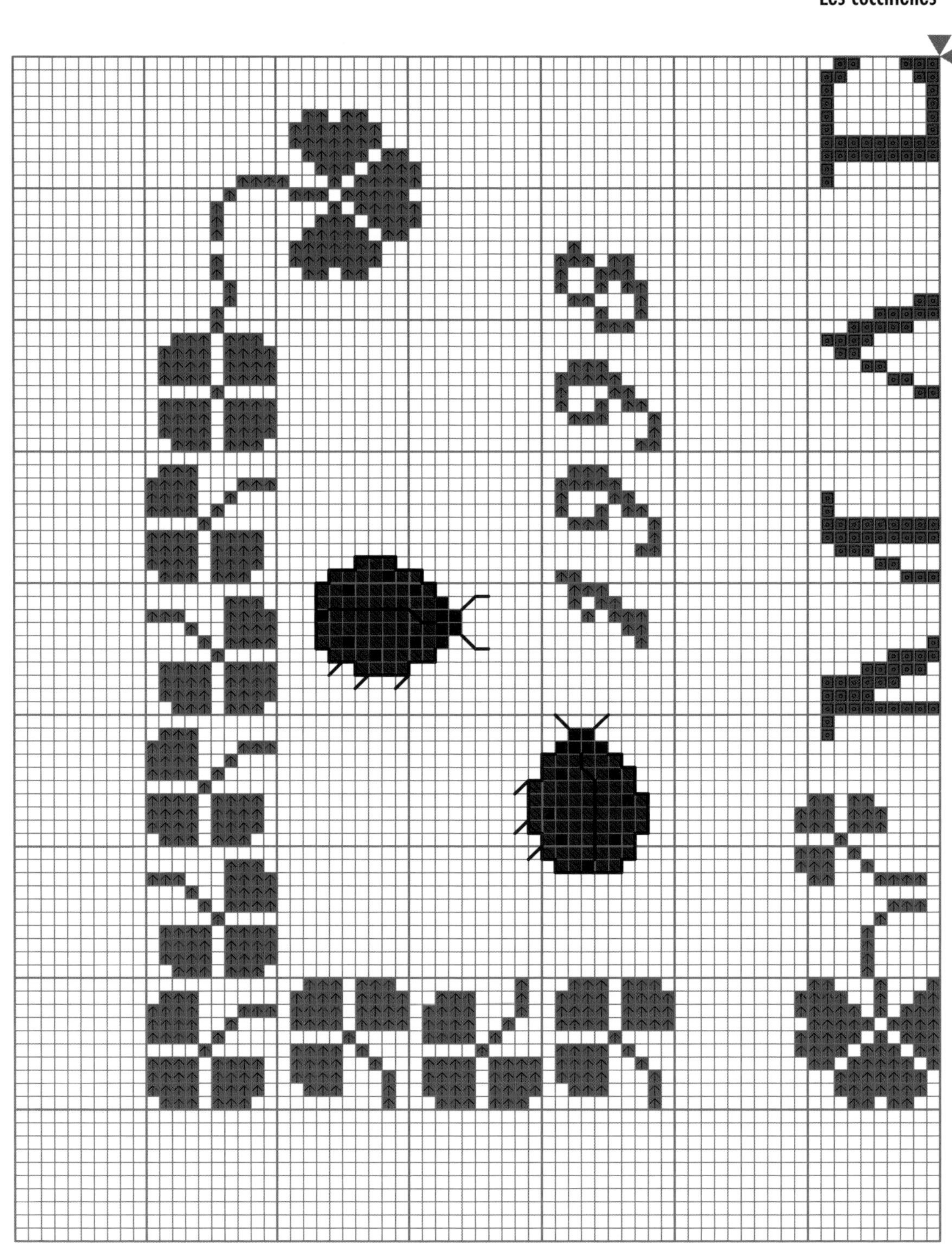

- 142 x 1
- 1006 x 1
- 403 x 1
- 239 x 1
- — 403

L'anniversaire

Les coccinelles

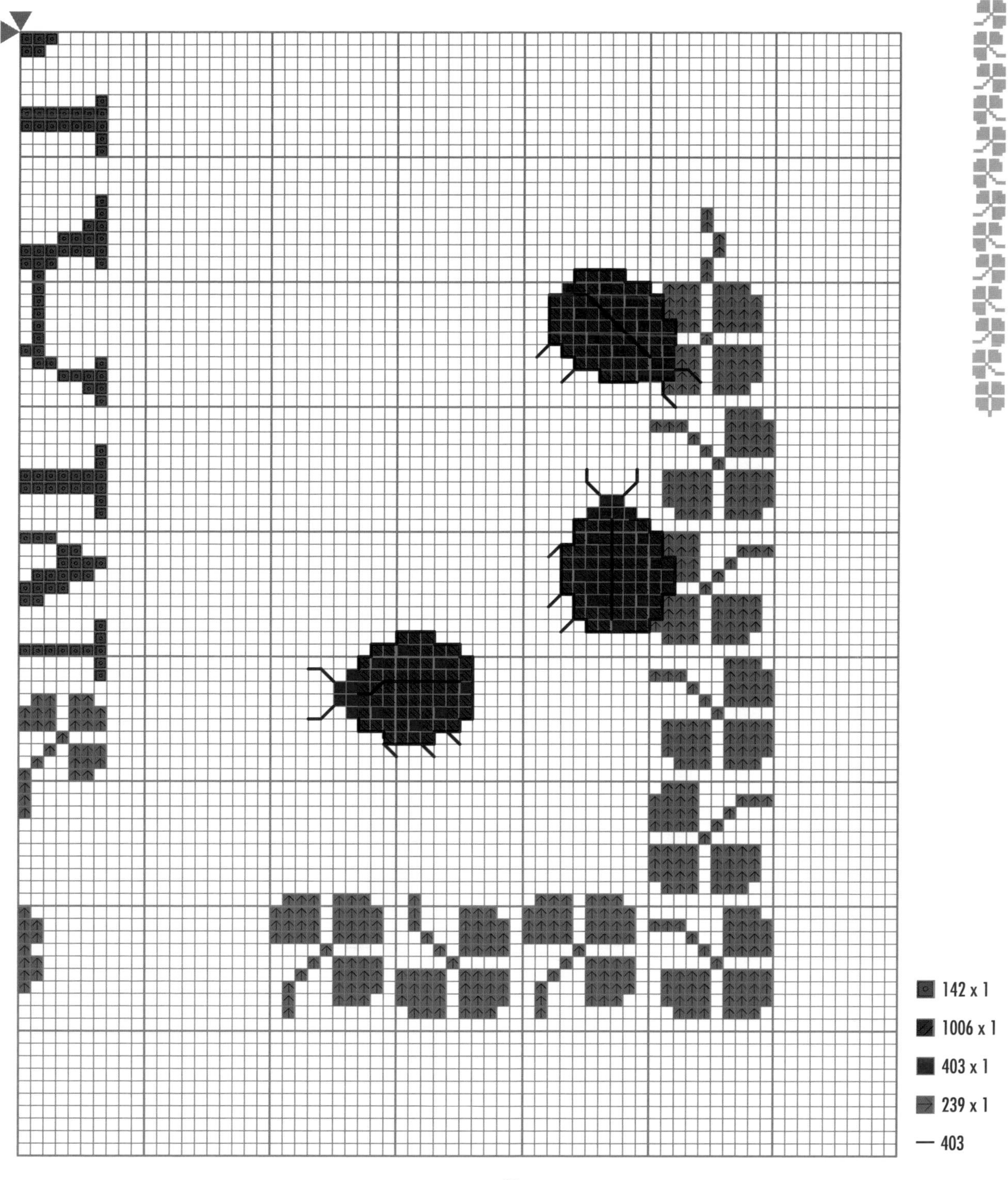

L'anniversaire

Les coccinelles

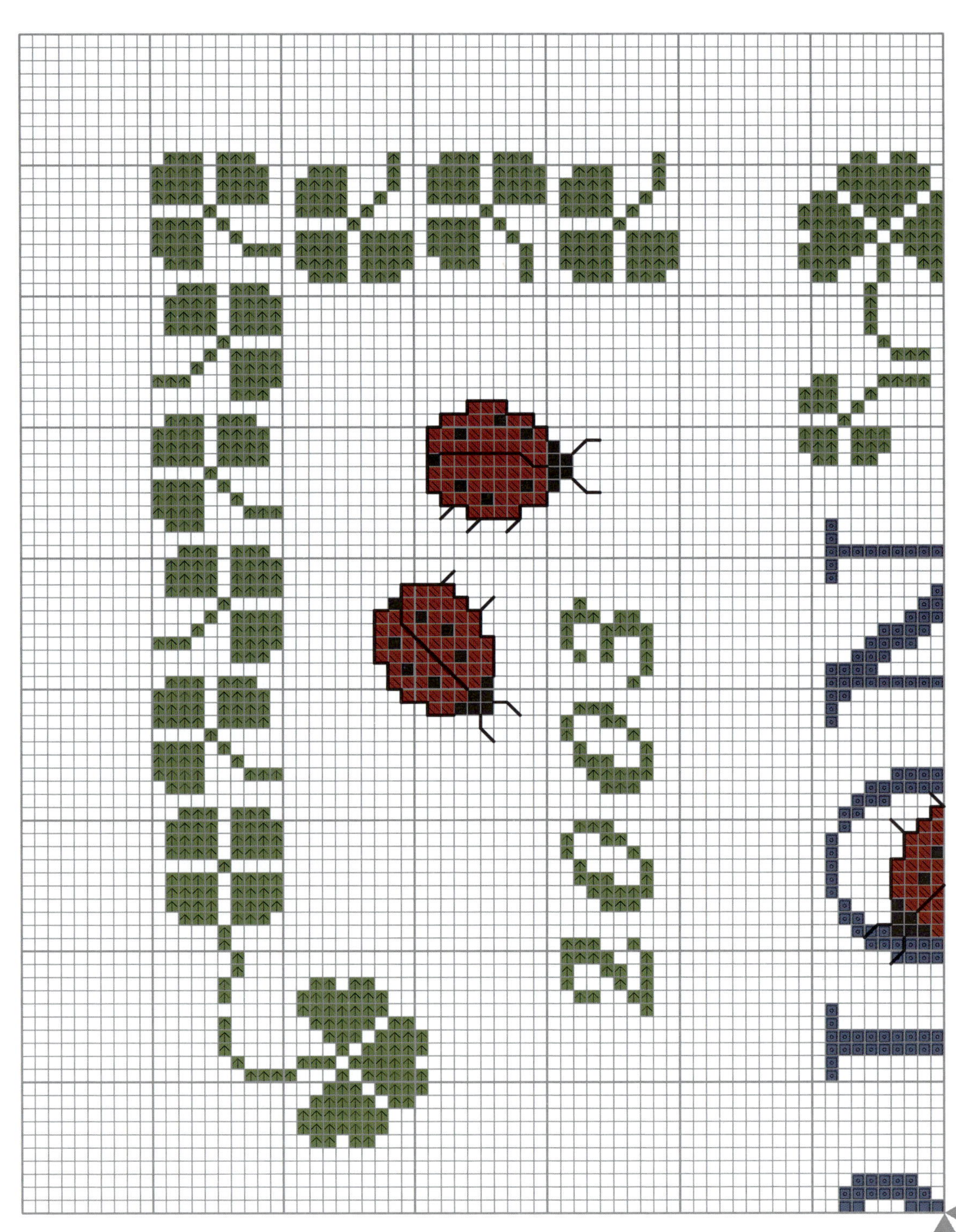

- 142 x 1
- 1006 x 1
- 403 x 1
- 239 x 1
- — 403

L'anniversaire

Les coccinelles

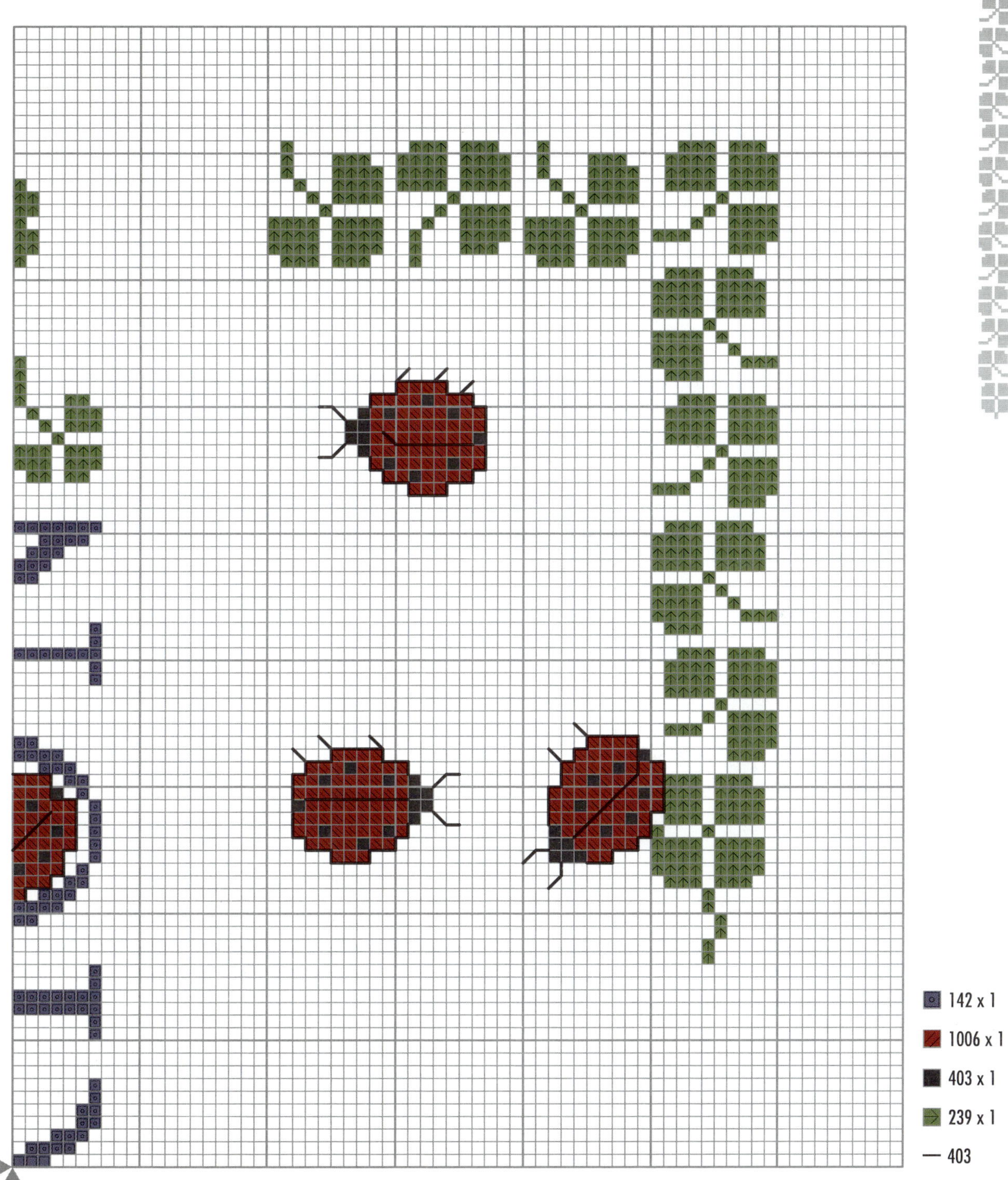

L'anniversaire

Les coccinelles

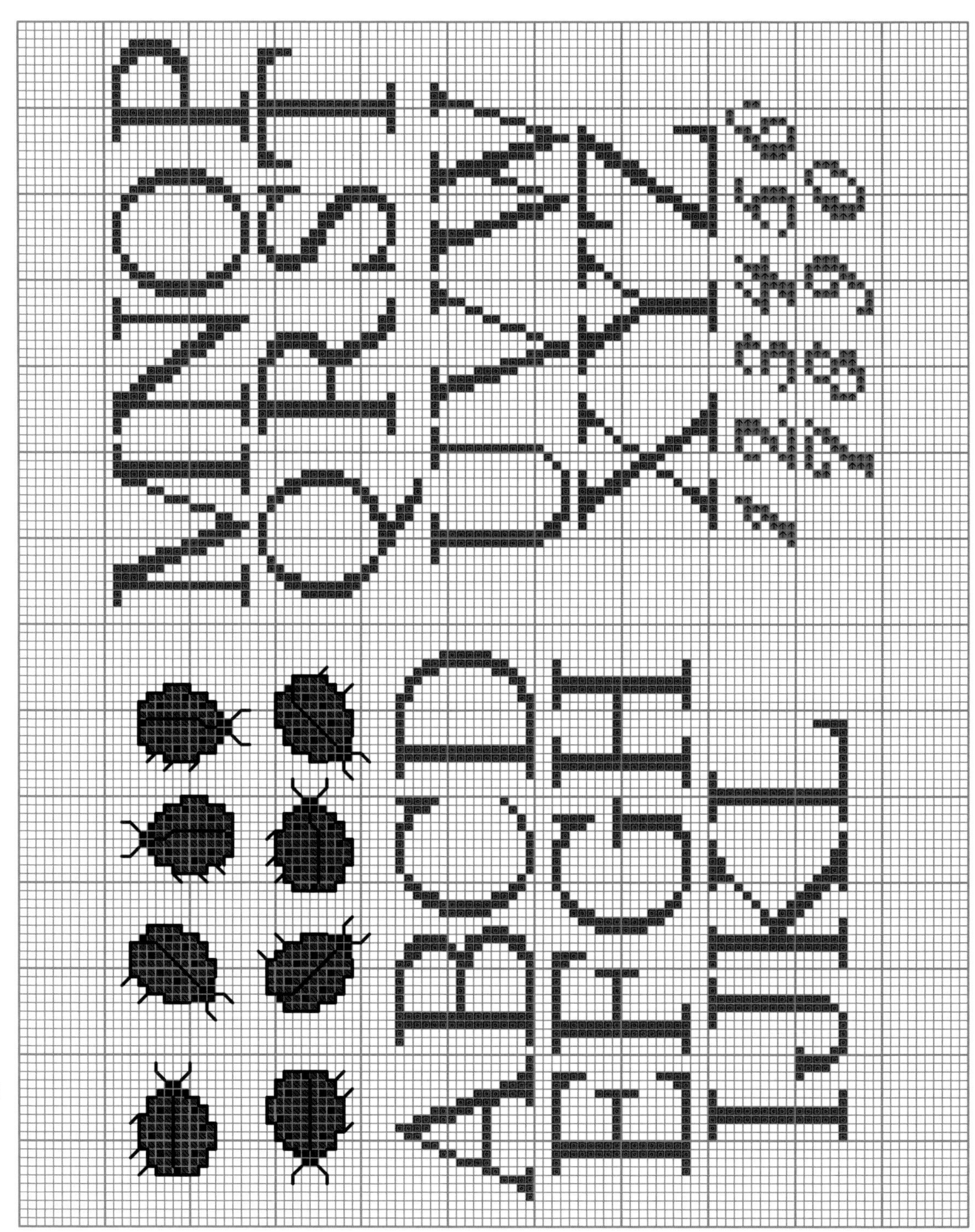

- 142 x 1
- 1006 x 1
- 403 x 1
- 239 x 1
- — 403

L'anniversaire

Les mots du bonheur

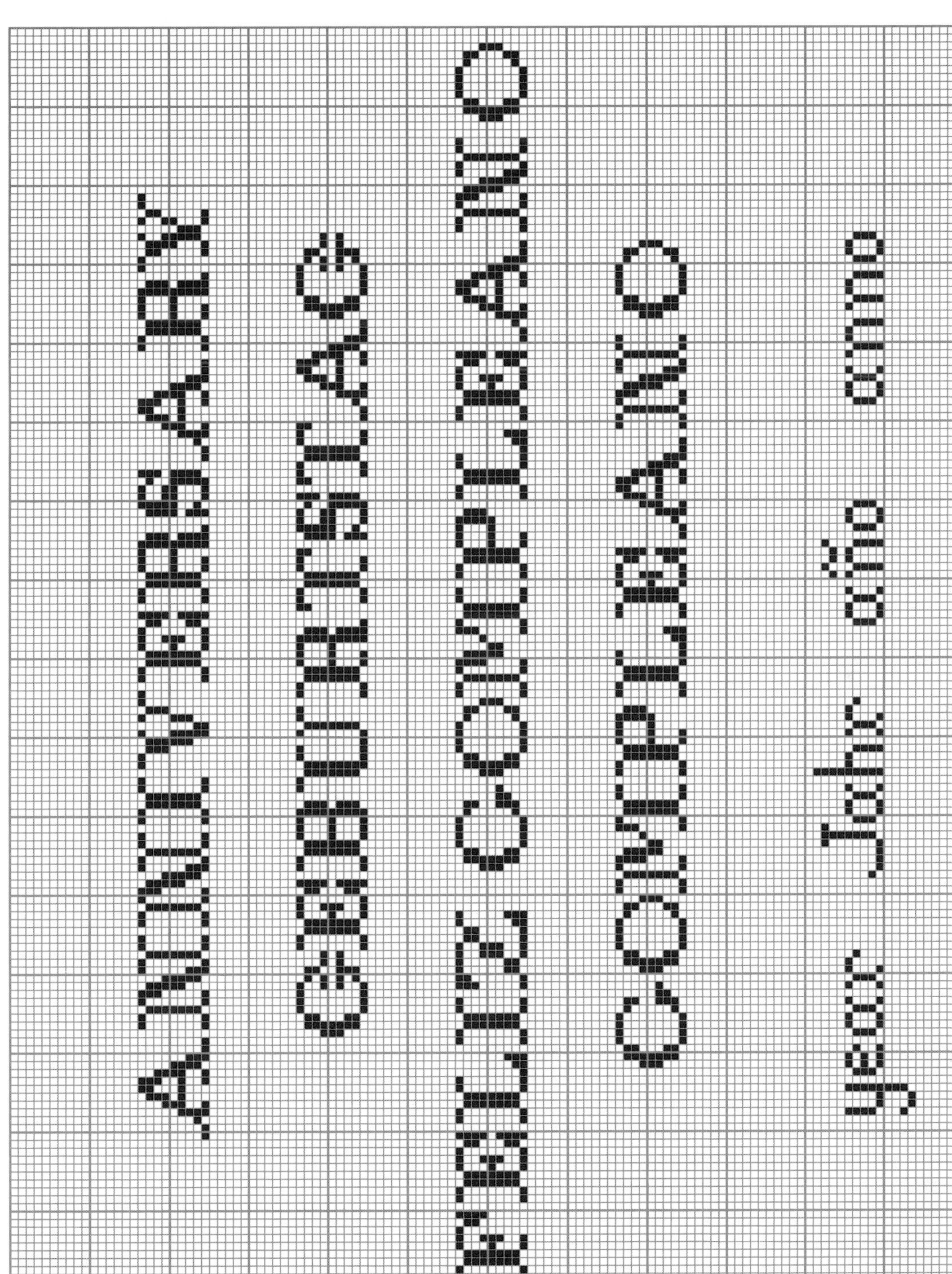

■ 133

Le mariage

Les anneaux

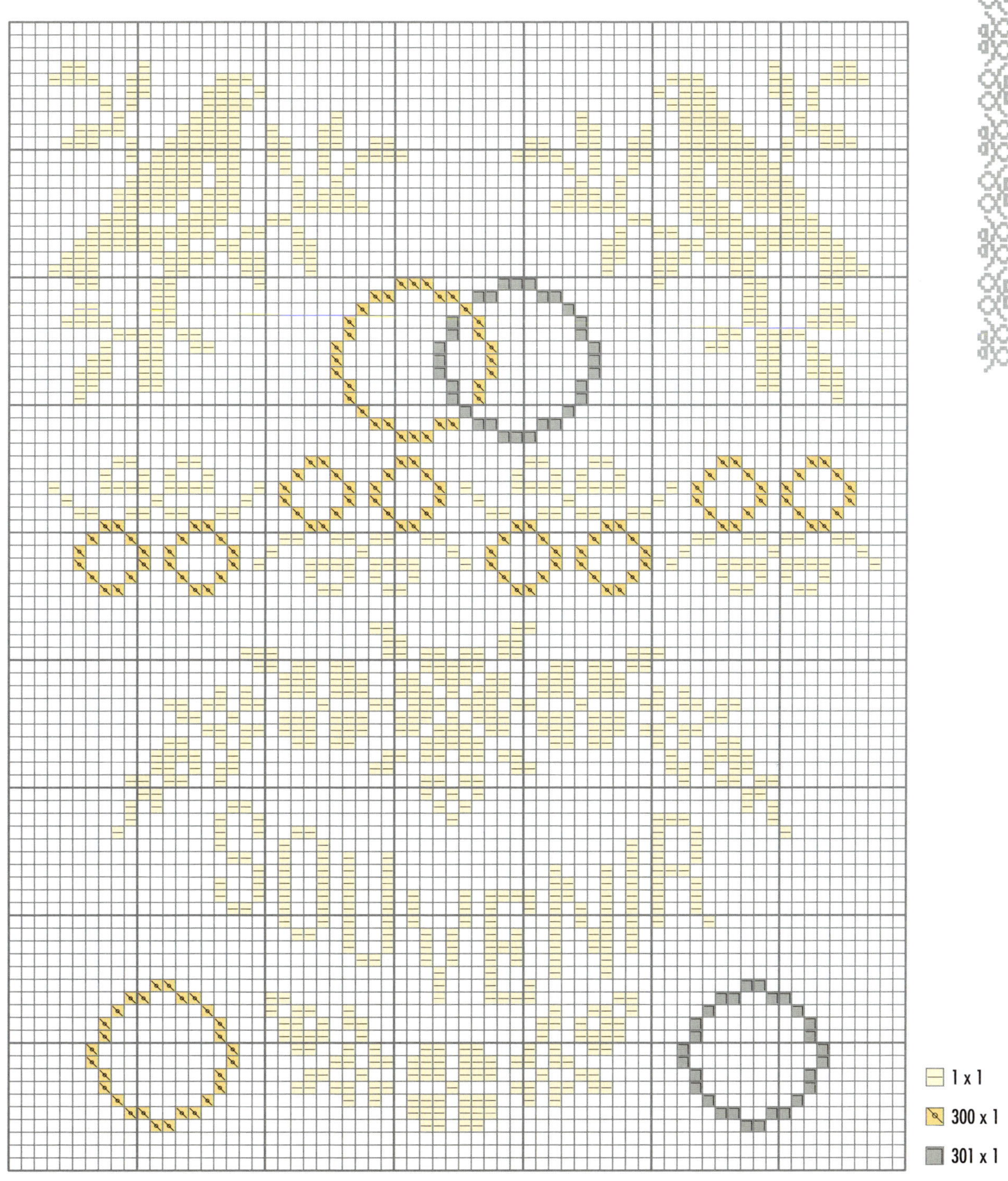

Le mariage

Le cœur fleuri

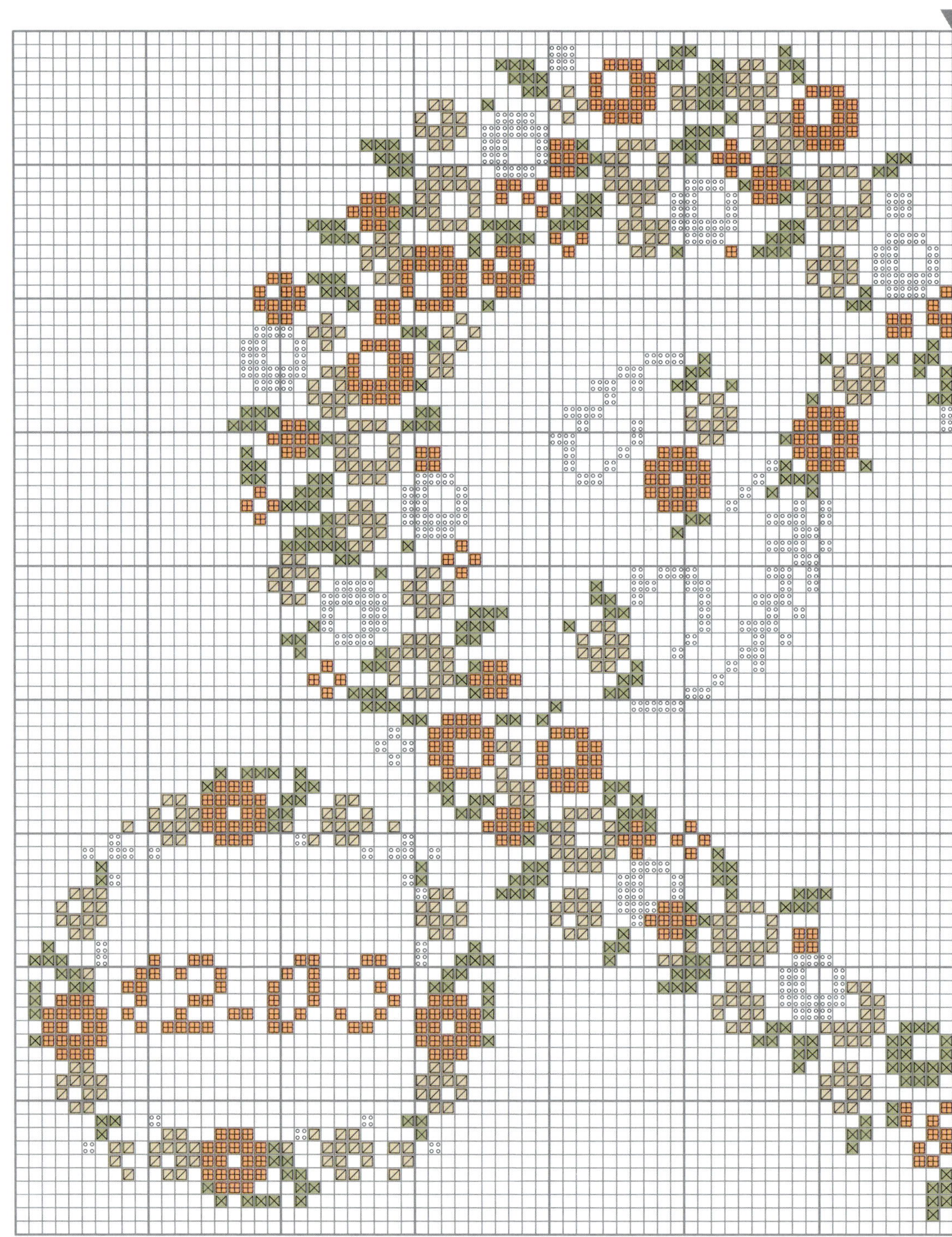

Étamine de lin coloris Naturel 11 fils/cm

- 1 x 2
- 8 x 3
- 387 x 3
- 260 x 2

Le mariage

Le cœur fleuri

Étamine de lin coloris Naturel 11 fils/cm

- 1 x 2
- 8 x 3
- 387 x 3
- 260 x 2

Le mariage

L'abécédaire fleuri

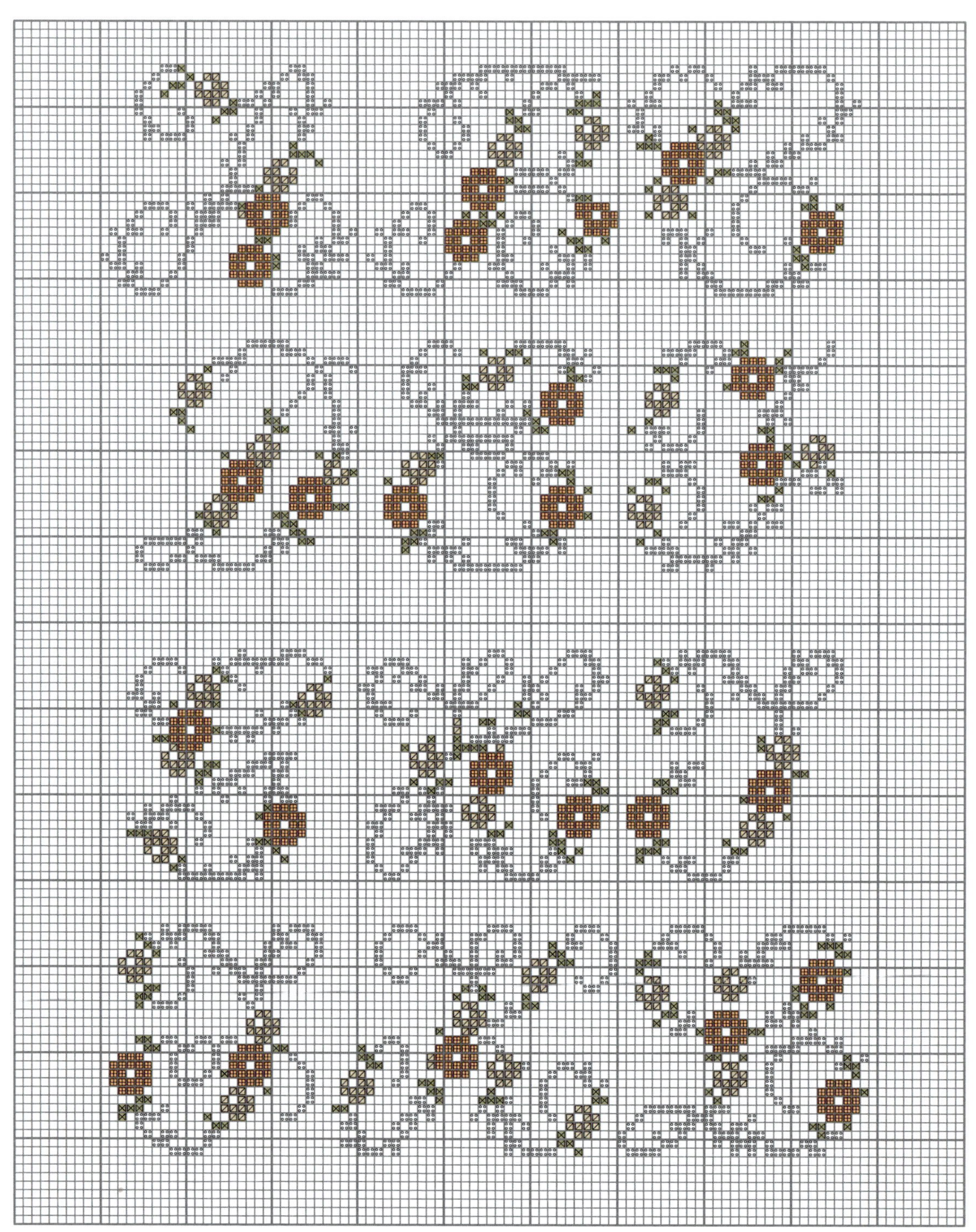

- 1
- 8
- 387
- 260

Le mariage

L'abécédaire fleuri

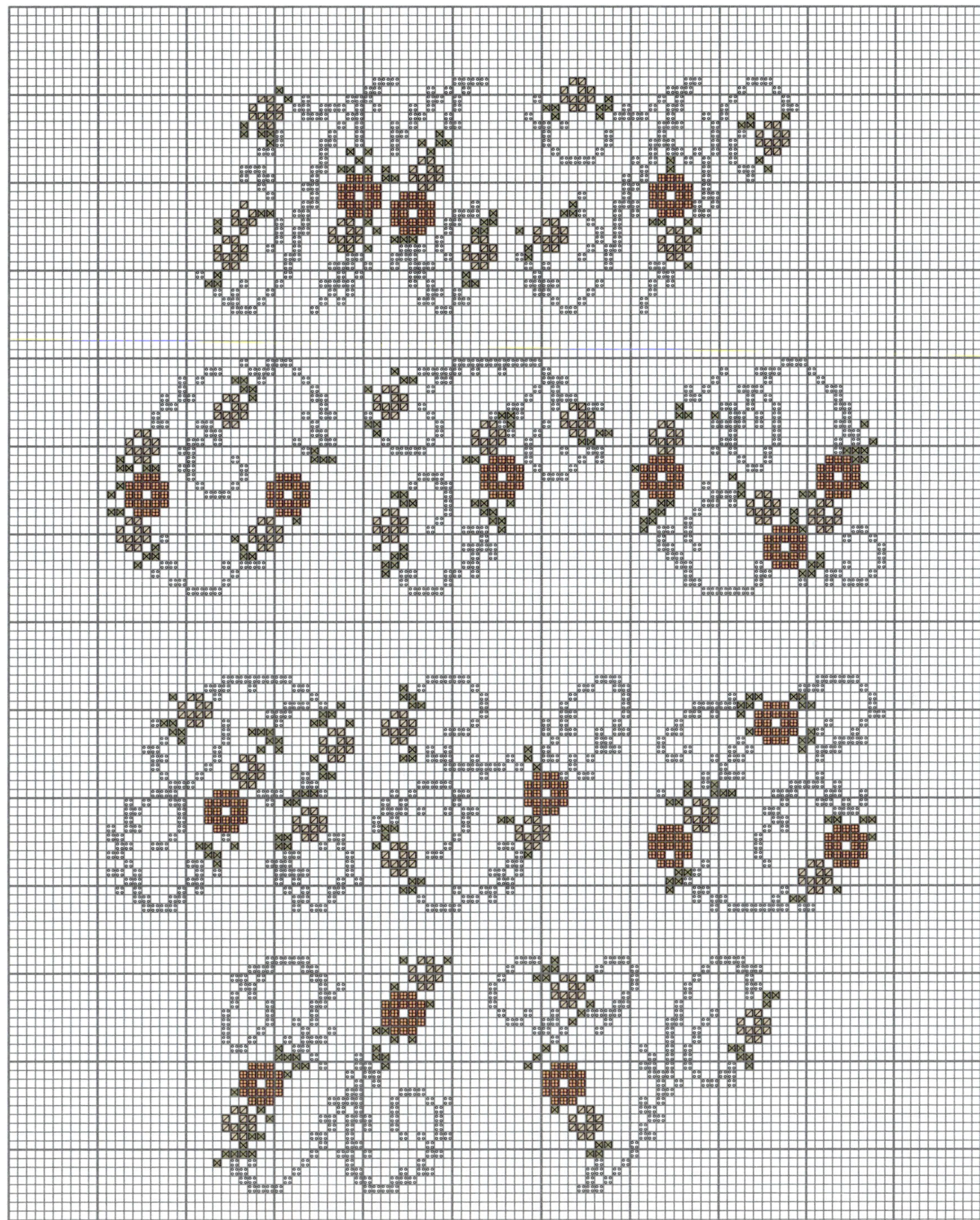

1

8

387

260

Le mariage

L'abécédaire fleuri

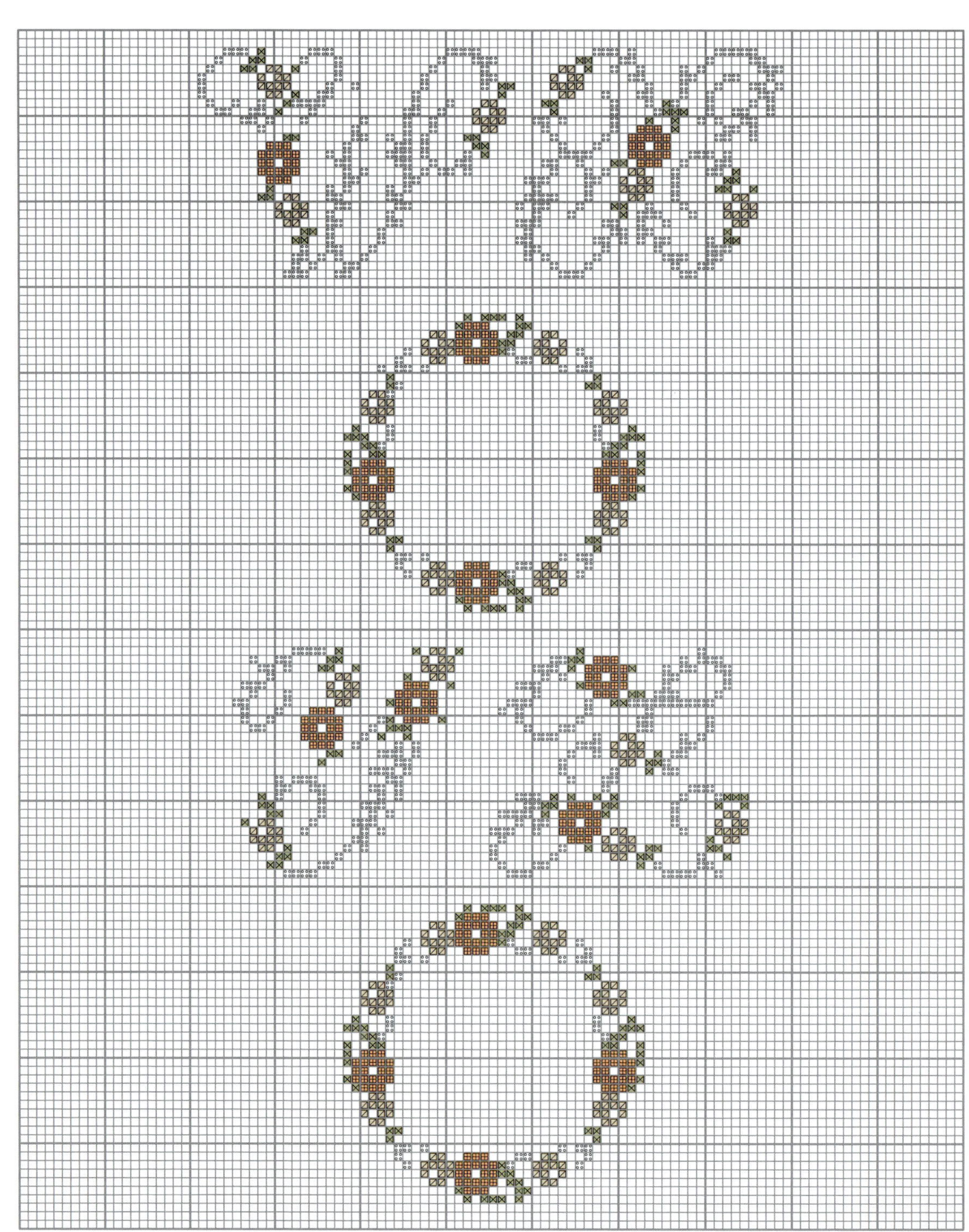

- 1
- 8
- 387
- 260

Le mariage

Les mots du bonheur

◎ 1
ou fil d'or
lamé 300

Le mariage

Les cœurs

⊞ 1 x 1

Le mariage

Les cœurs

1

Le 17 juillet
1953
2003
Joyeux

L'anniversaire de mariage

L'abécédaire de roses

L'anniversaire de mariage

L'abécédaire de roses

- 265
- 266
- 300
- 295
- 1
- 683

L'anniversaire de mariage

L'abécédaire de roses

L'anniversaire de mariage

La couronne de roses

265 x 1

266 x 1

300 x 1

295 x 1

1 x 1

683 x 1

L'anniversaire de mariage

La couronne de roses

L'anniversaire de mariage

La couronne de roses

265 x 1

266 x 1

300 x 1

295 x 1

1 x 1

683 x 1

L'anniversaire de mariage

La couronne de roses

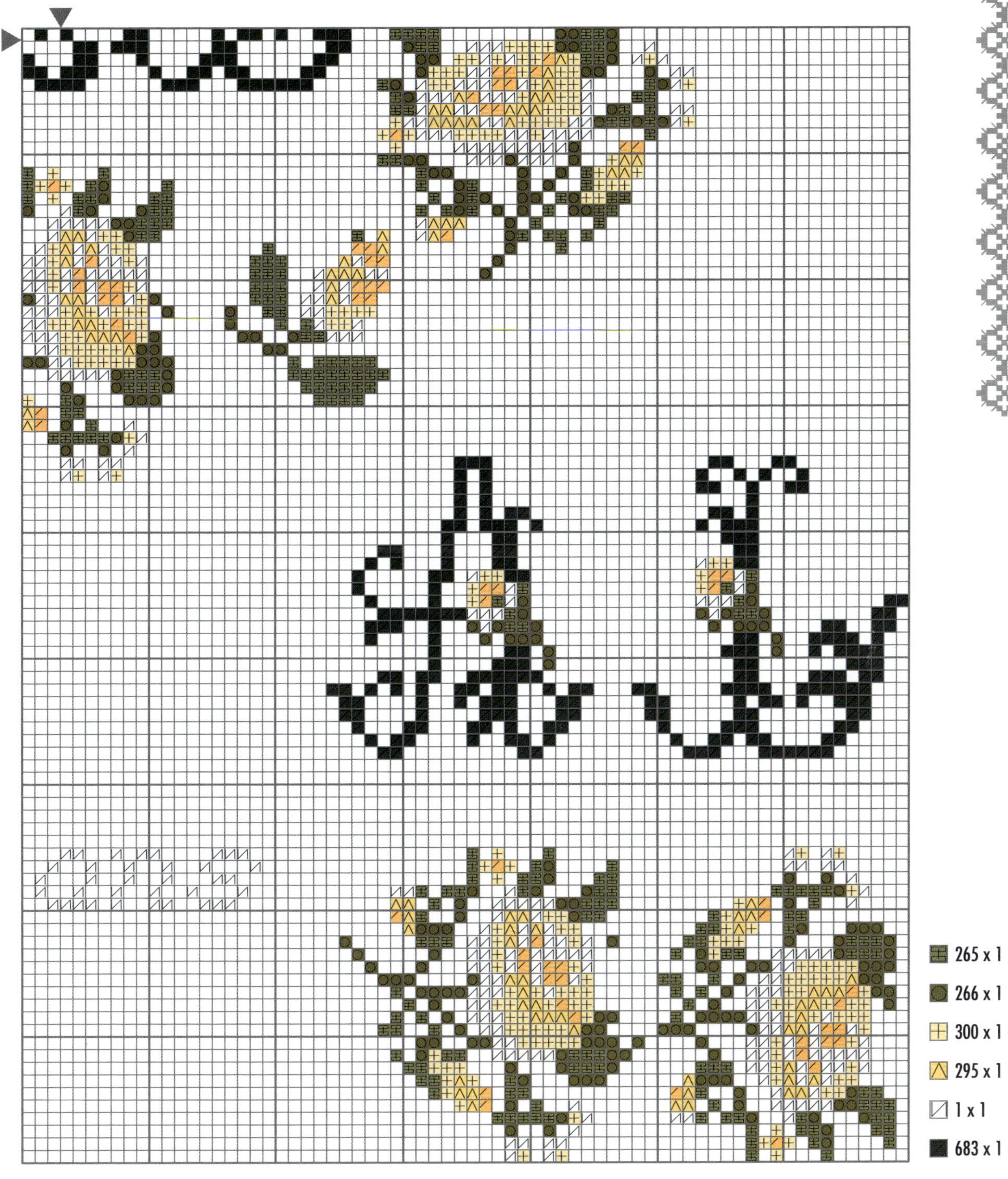

L'anniversaire de mariage

Le cadre de dentelle

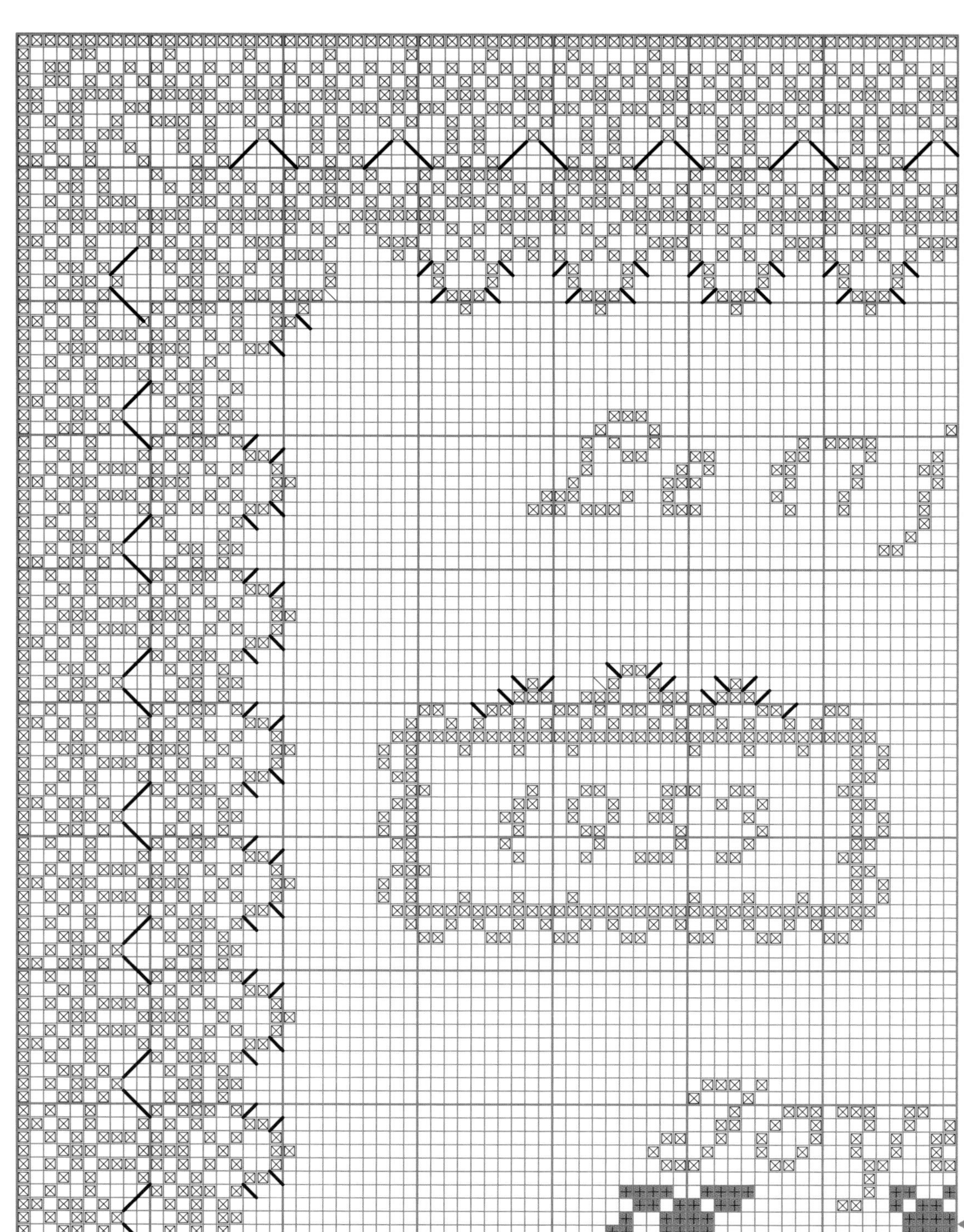

Étamine de lin coloris Naturel 11 fils/cm

⊠ 1 x 12

■ 117 x 2

— 1

L'anniversaire de mariage

Le cadre de dentelle

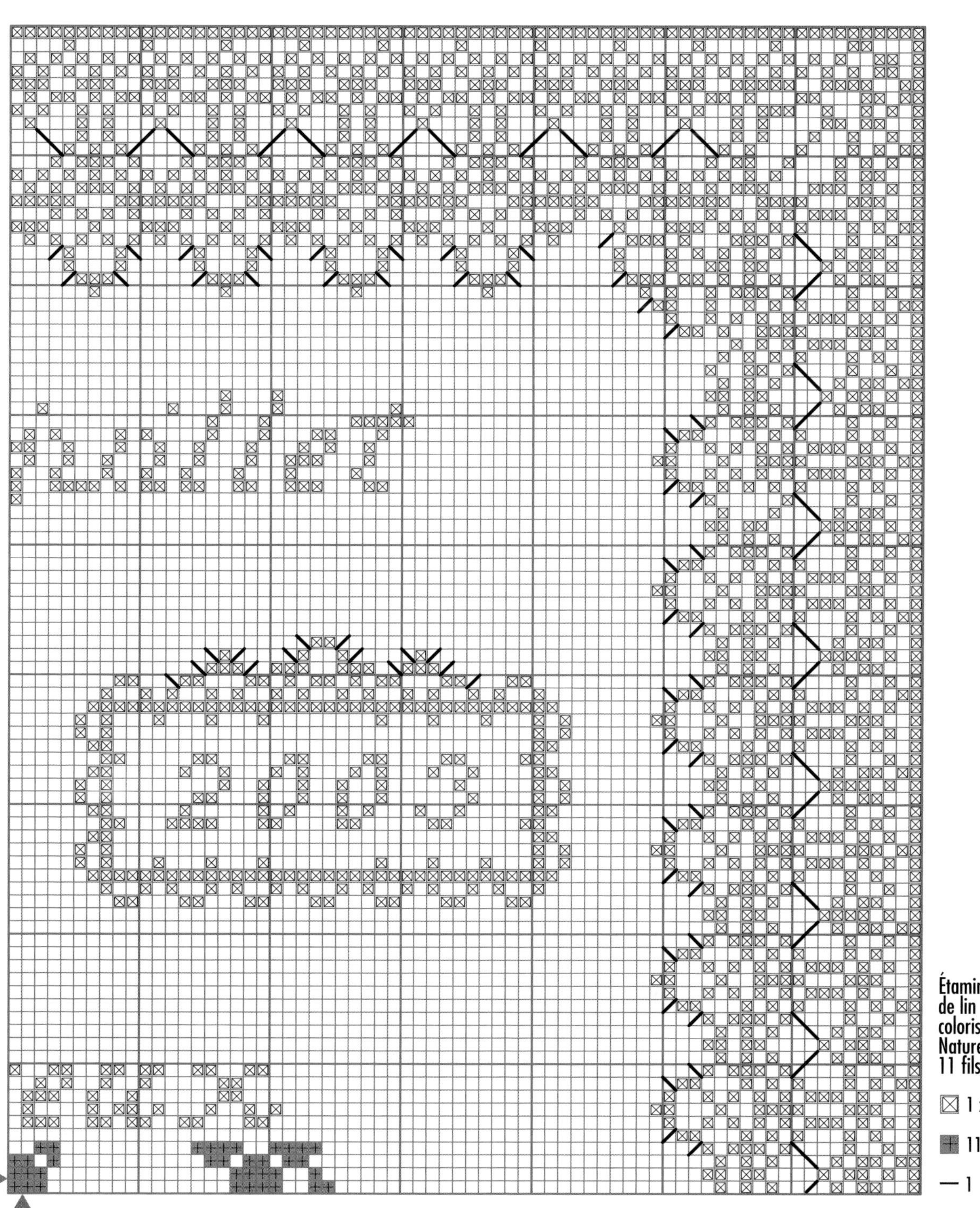

Étamine de lin coloris Naturel 11 fils/cm

1 x 12

117 x 2

— 1

L'anniversaire de mariage

Le cadre de dentelle

Étamine de lin coloris Naturel 11 fils/cm

⊠ 1 x 12

▪ 117 x 2

— 1

L'anniversaire de mariage

Le cadre de dentelle

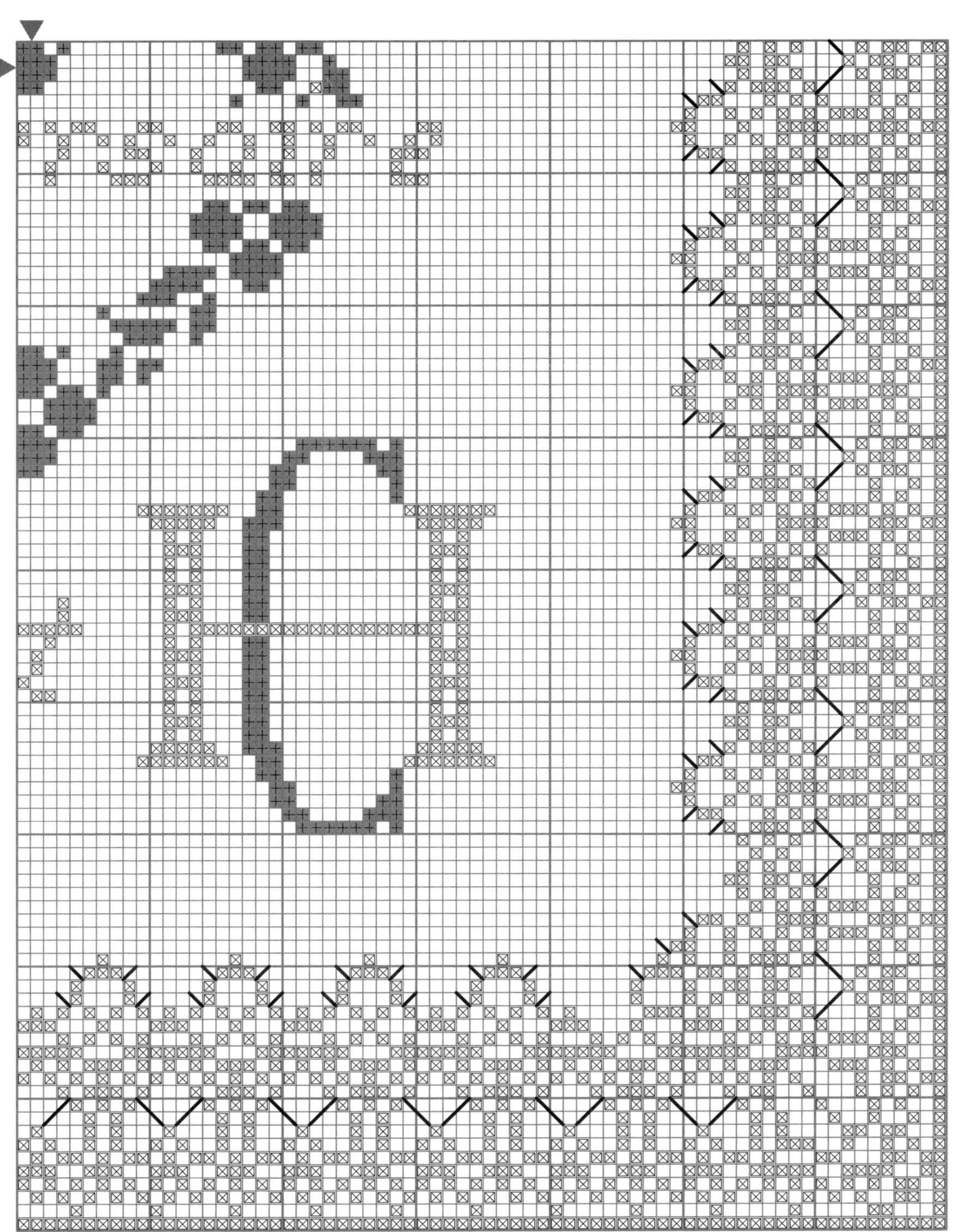

Étamine de lin coloris Naturel 11 fils/cm

⊠ 1 x 12

▪ 117 x 2

— 1

L'anniversaire de mariage

Les noces d'argent

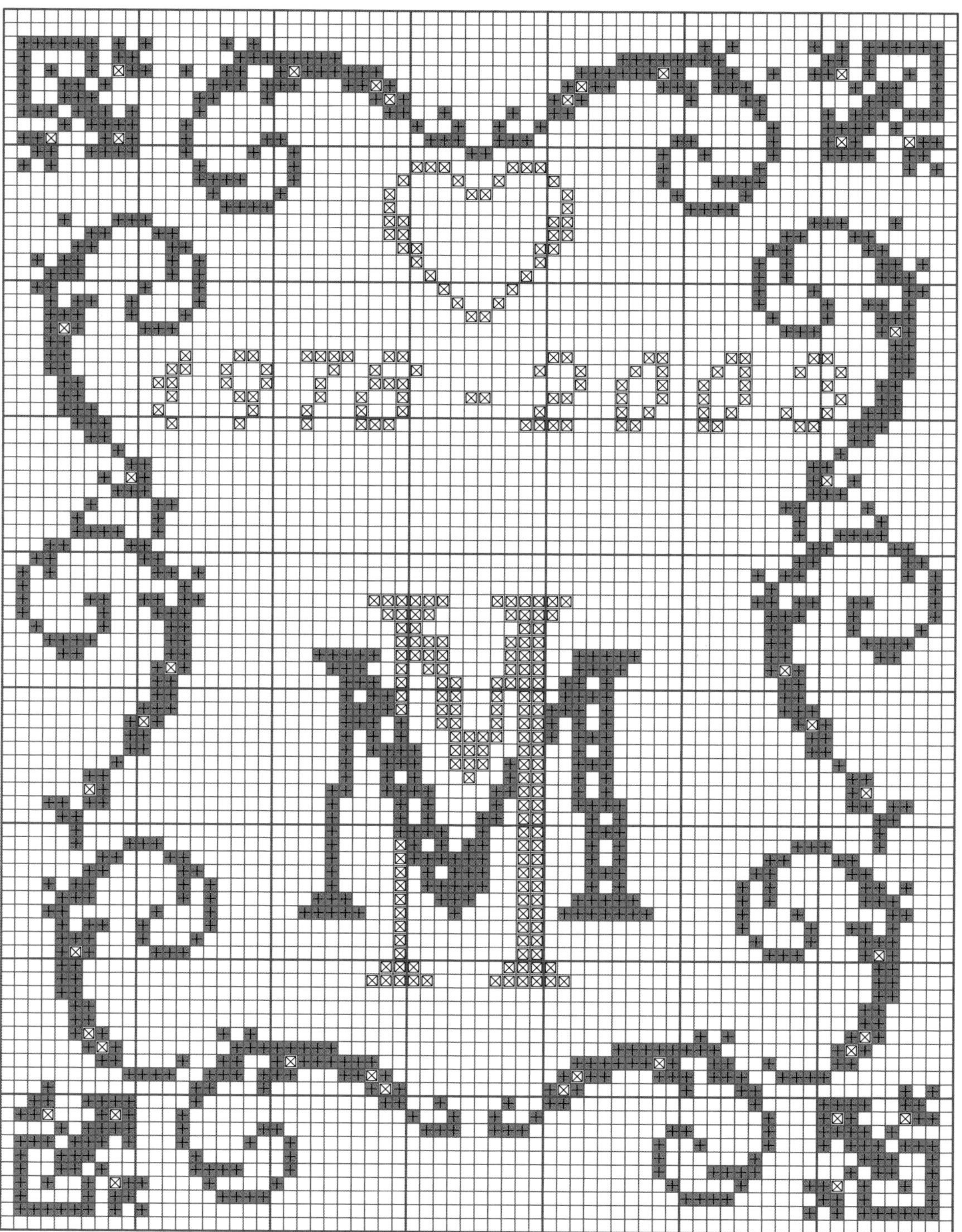

☒ 1 x 12

■ 117 x 2

L'anniversaire de mariage

Les noces d'or

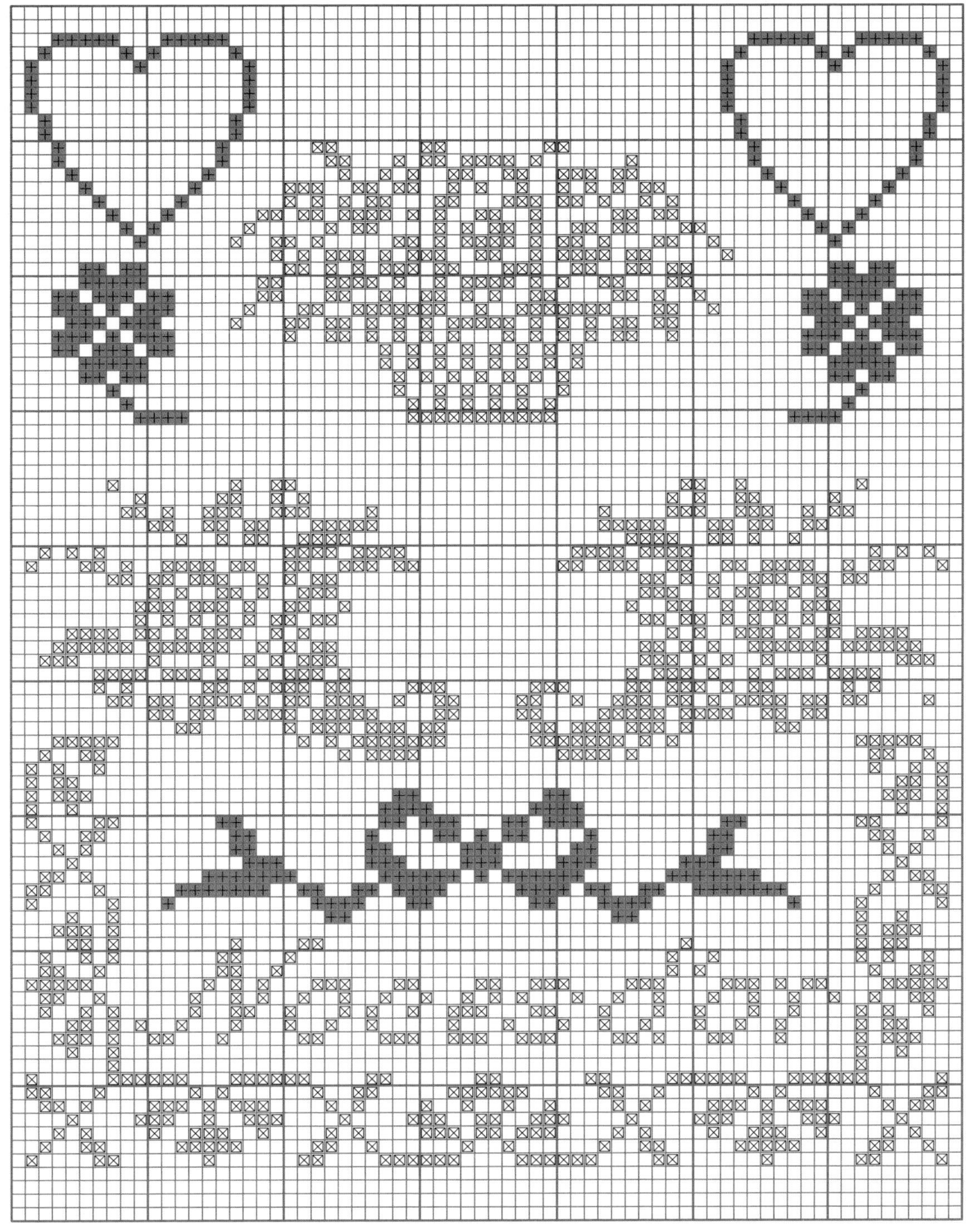

⊠ 1 x 12

✚ 117 x 2

L'anniversaire de mariage

Le monogramme

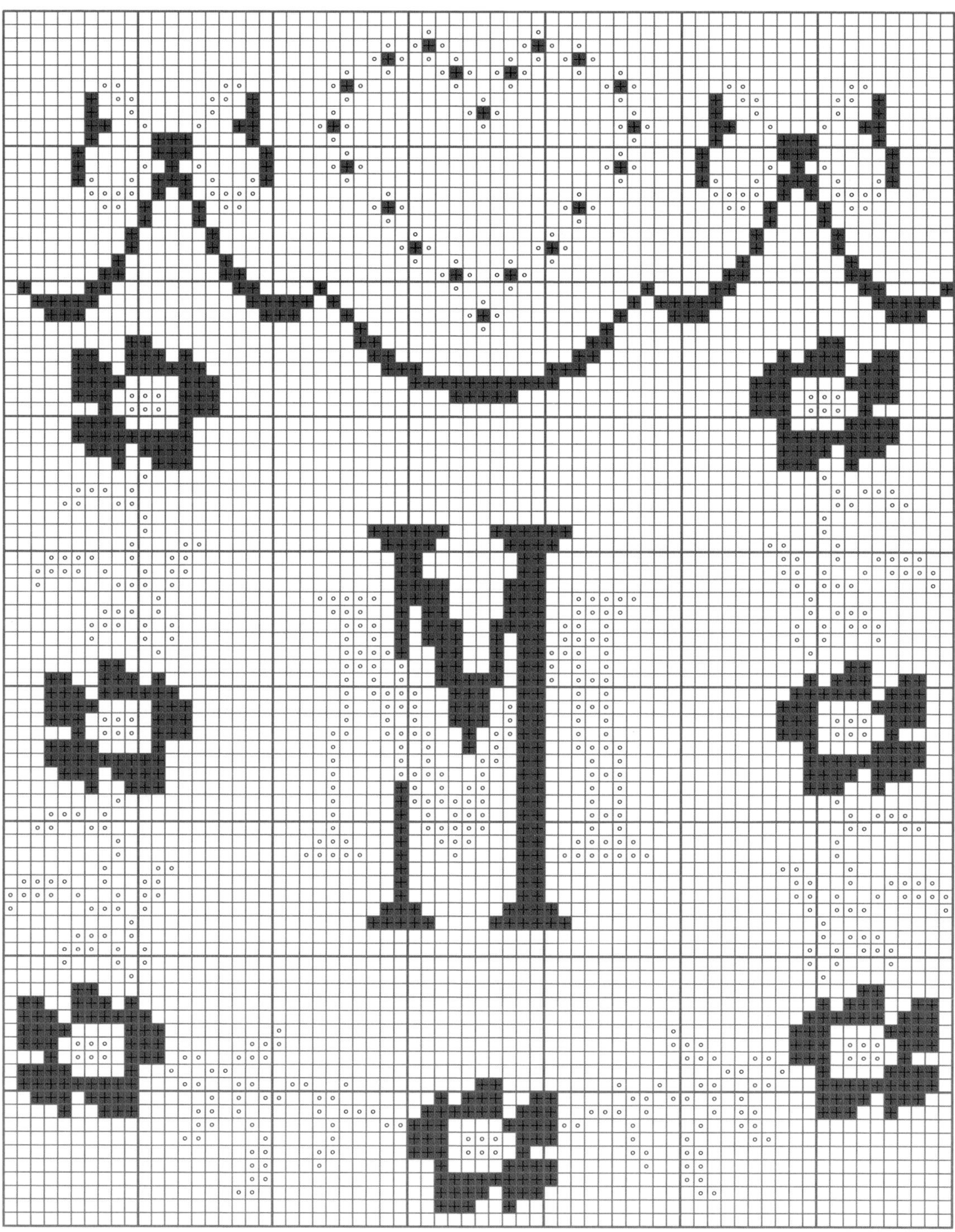

■ 1 x 1

◦ 176 x 1

L'anniversaire de mariage

Les mots du bonheur

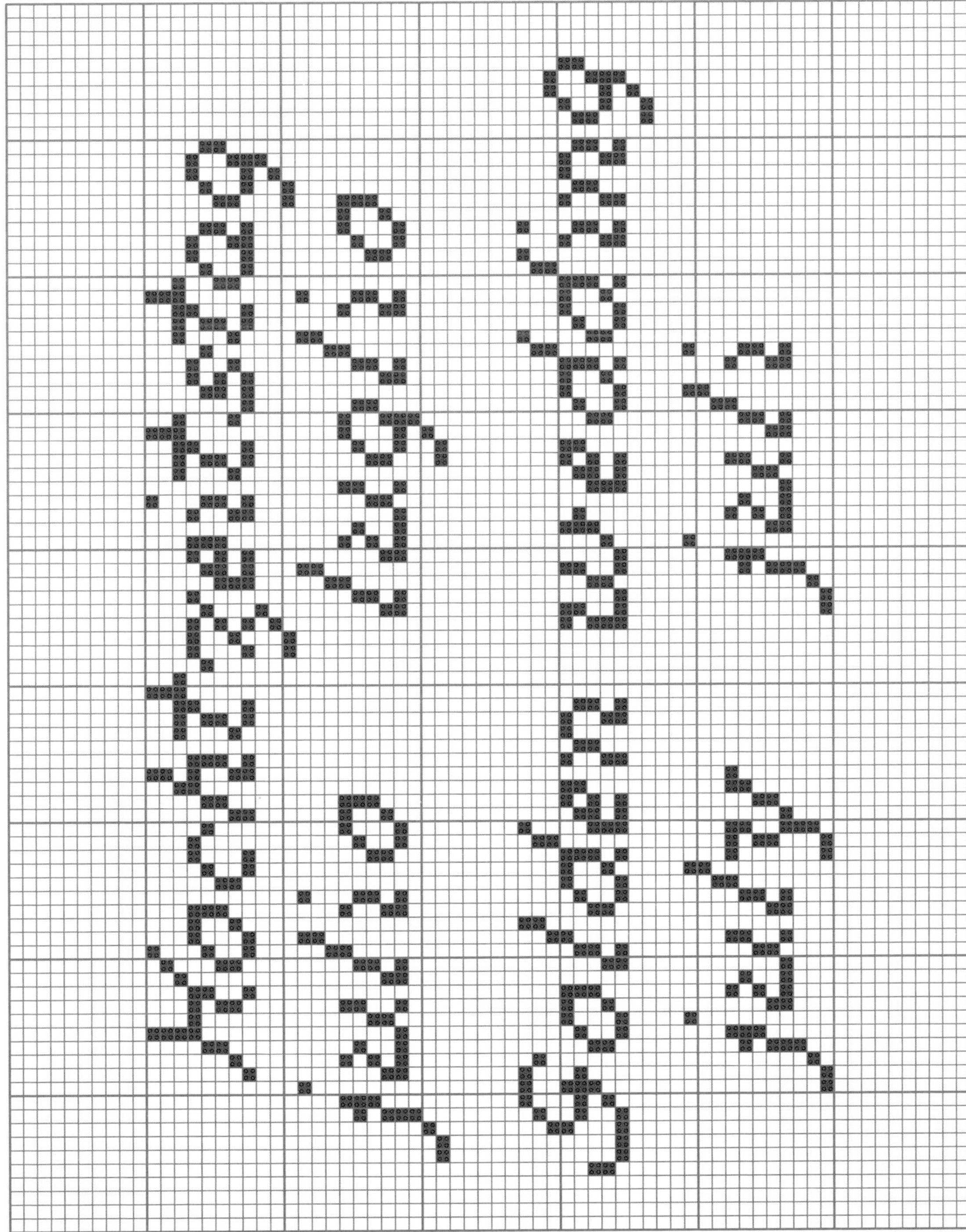

176

L'anniversaire de mariage

Les monogrammes

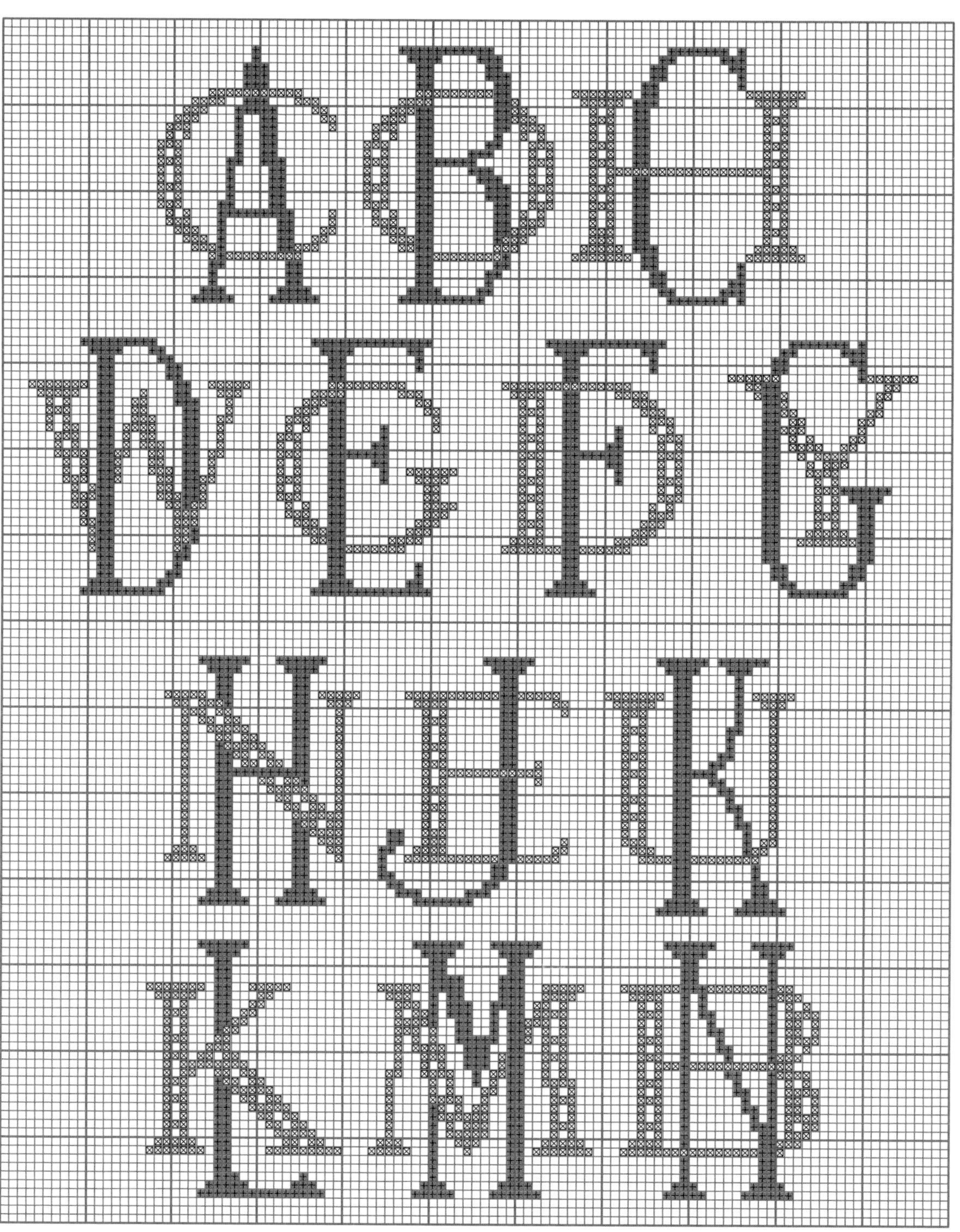

1

117

L'anniversaire de mariage

Les monogrammes

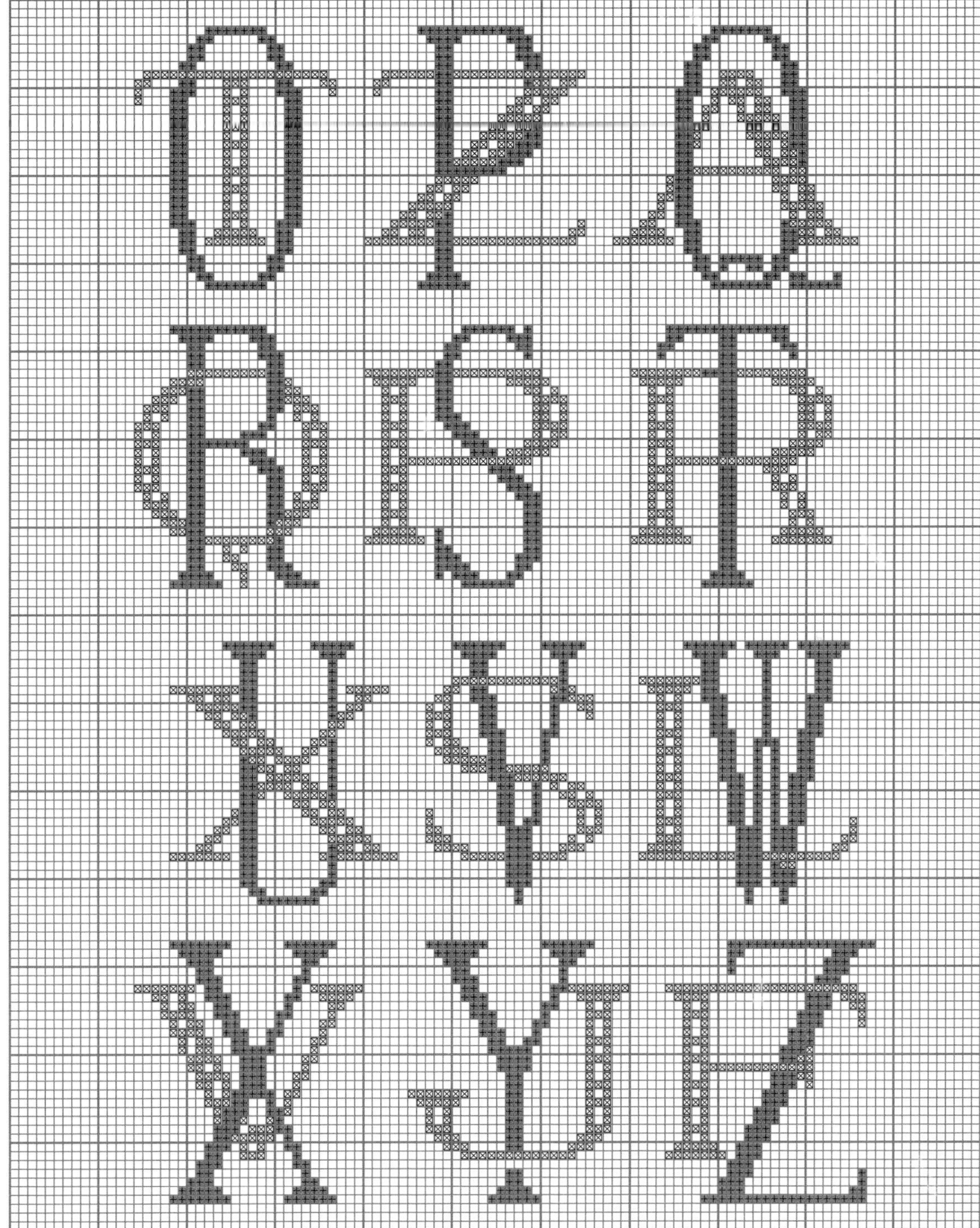

1

117

Remerciements

Ce livre ne serait pas complet sans remerciements à toute l'équipe

qui a participé à sa réalisation :

Françoise Delarue et la société PACO pour les broderies,

Laurence Roque " La compagnie des ouvrages " pour les toiles,

Nadia Gambino, Laurence Giaume,

Nouchka Pathé, Jean-Baptiste Pellerin,

Nadine Sévin, Patricia Tardito et Dominique Turbé.